打飞机

Ⓐ

张小默 / 著

黑龙江科学技术出版社

图书在版编目（CIP）数据

打飞机：全2册 / 张小默著. -- 哈尔滨：黑龙江科学技术出版社, 2016.10
ISBN 978-7-5388-8935-2

Ⅰ.①打… Ⅱ.①张… Ⅲ.①智力游戏—少儿读物 Ⅳ.①G898.2

中国版本图书馆CIP数据核字（2016）第199275号

打飞机：全2册
DA FEIJI : QUAN 2 CE

作　　者　张小默
责任编辑　马远洋
封面设计　嫁衣工舍
出　　版　黑龙江科学技术出版社
地址：哈尔滨市南岗区建设街41号　邮编：150001
电话：（0451）53642106　传真：（0451）53642143
网址：www.lkcbs.cn　www.lkpub.cn
发　　行　全国新华书店
印　　刷　三河市骏杰印刷有限公司
开　　本　889 mm × 1194 mm　1/24
印　　张　8.5
字　　数　80千字
版　　次　2016年10月第1版
印　　次　2016年10月第1次印刷
书　　号　ISBN 978-7-5388-8935-2
定　　价　36.00元

闲言小序

在很久很久以前，人们还过着没有手机、没有电脑的日子。你可能会想，没有手机，没有电脑，那过的不就是原始人的生活吗?还不得无聊出病来啊!

可是，他们明明过得很快乐，心情“棒棒哒”。不仅如此，他们比现在的人更加懂得沟通，思维也更加活跃。为什么？因为他们喜欢玩一个非常刺激而有趣的游戏——“打飞机”！

打飞机？你可能会想：莫非他们会拿着石块打天上的飞机？说实话，他们还真没那个本事，也没那个闲工夫。我也奉劝大家，即便实在闲得无聊，也最好不要那么做哟。万一要是把飞机打下来，那可就闯了大祸啦！即便没打到飞机，伤到花花草草也是不好的呀!

言归正传！打飞机，又名“炸飞机”，是一种曾经风靡一时的极具趣味性的纸上互动游戏。在没有手机、电脑的年代，这种游戏以其频繁的互动性、强烈的对战性和超强的推理性，给人们带来无限欢乐。

该游戏玩法简单，制作也十分容易。每个人只需拿出一支笔、一张纸，简单绘制之后便可进行对战。可两人对战，也可以多人轮番对战。在游戏中，玩家不仅能够获得游戏带来的快乐，还能够增强自身的推理能力和判断能力。此外，亲友之间还能够在这种互动的游戏中增进感情和了解。

闲言少叙，咱们现在就开始吧!

目录

新手训练区

难度：★☆☆☆☆

本区主要介绍了“打飞机”游戏的玩法，内容简单，可让玩家迅速掌握该游戏的玩法。

游戏简介

打飞机

“打飞机”游戏是一种十分有趣的纸上互动游戏，可两人对战，也可多人轮番对战。参与者需每人准备一张纸、一支笔，经过简单绘制即可开始游戏。绘制的内容为表格与飞机轮廓（飞机轮廓置于表格内）。

这是一种推理性很强的游戏，参与者需通过交互攻击对方表格中的某些格并获取对方给予的反馈信息（飞机是否被击中），以综合判断对方飞机轮廓的摆放位置，从而击中对方飞机机头，击毁对方飞机，最终获得胜利。

“打飞机”游戏极具趣味性、交互性和推理性，既能满足人们的娱乐需求，又能增强人们的推理能力和人际交往能力。

名词解释

战区

战区，即玩家进行对战的区域，是一张简单的表格。通常，表格的行数和列数相等。本书中的表格分为三档，初级战区部分的表格为10×10格表格（即10行10 列，见图

1-1），中级战区部分为15×15格表格，高级战区部分为20×20格表格。

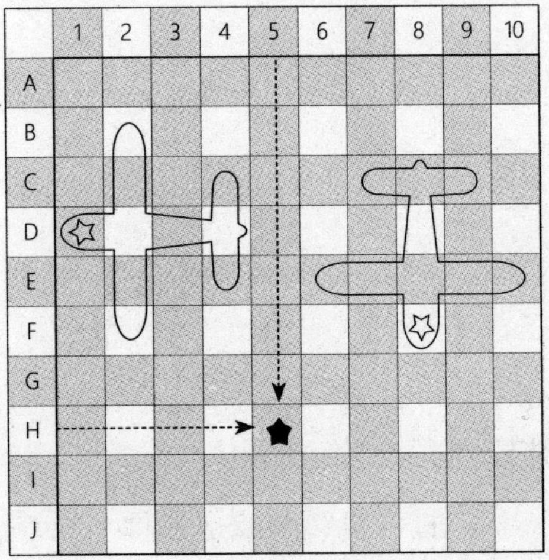

图 1-1

坐标

从图1-1可以看到，战区（表格）最上端标有“1，2，3……”这些阿拉伯数字，最左侧标有“A，B，C……”这些英文字母。这样一来，我们便可以用一个字母和一个数字来确定表格中每个方格的位置。例如，图中黑色五角星的位置可以表示为“H，5”，这就是黑色五角星所在方格的坐标，也可以说是黑色五角星的坐标。

战机

战机，即表格上绘制出的飞机轮廓，也就是对战中需要攻击的对象，形状如“士”字。从图1-1可以看到，战机的机翼占五个方格，水平尾翼占三个方格，机头和机身共占四个方格。战机的数量可根据战区的大小合理安排。通常，战机数量越多，被击中的概率也就越大。

玩法速学

胜负判定与对战方式

胜负判定

本方战机全部被对方击毁，即判定对方获胜；对方战机全部被本方击毁，即判定本方获胜。需要注意的是，一架战机只有被击中机头，也就是飞机轮廓中标有五角星的部分，才是真正被击毁；如果其他部位被击中，则尚属存活。

对战方式

本方和对方各持一张同格数的表格（本书分A、B两册，对战双方可各执一册进行游戏），然后交替说出表格上的某个坐标，以向对方的战机发动攻击。例如，本方先说“F，2”，即本方攻击对方的“F，2”这个位置；然后对方说“D，6”，即对方攻击本方“D，6”这个位置。

如果是多人对战，如甲、乙、丙、丁四个人一起玩，可以按照这样的方式进行对战：四个人各执一份表格，然后由其中一人开始攻击；攻击的顺序为乙攻击甲、丙攻击乙、丁攻击丙、甲攻击丁，如此循环；最终，有战机幸存的人即为胜利者。

对战范例

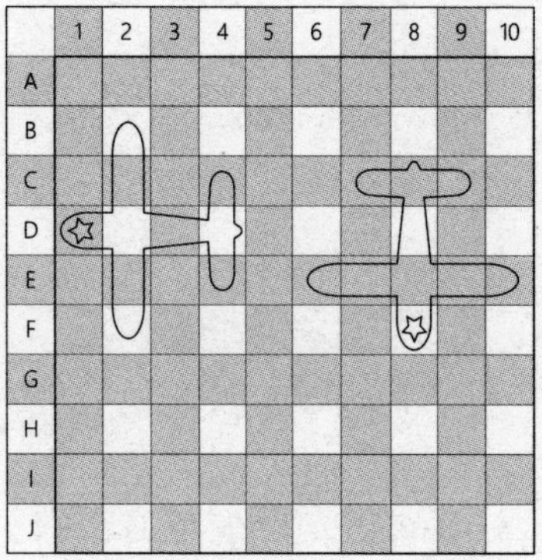

图 1-2　本方

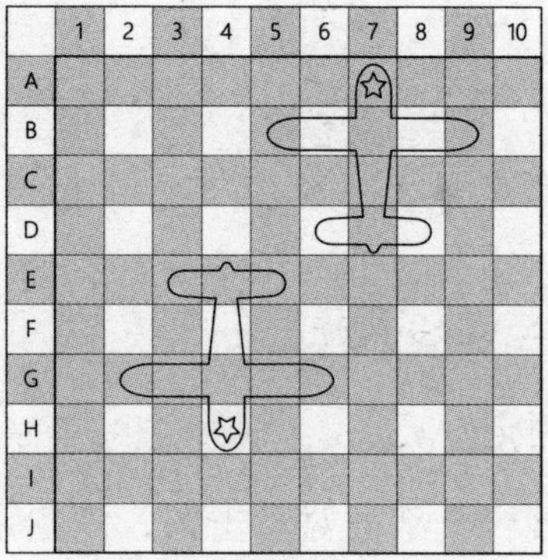

图 1-3　对方

（1）如图1-2、图1-3，本方和对方各执一份表格，两份表格的行数、列数完全相同，坐标系统也完全一致。事实上，两份表格本身是完全相同的，只是上面所绘制的战机的位置和走向不太相同。当然，对于双方来说，对方表格上战机的位置和走向是秘密。

（2）双方商定攻击顺序，这里让本方先攻击。本方说出“B，4”，即攻击对方（图1-3）的“B，4”位置。此时，对方要诚实回复是否击中。如果击中，本方要在自己表格的“B，4”位置画上“×”；如果没有击中，本方要在自己表格的“B，4”位置画上“○”。这些标记十分重要，通过这些标记，我们可以逐步判定对方飞机的位置和走向。

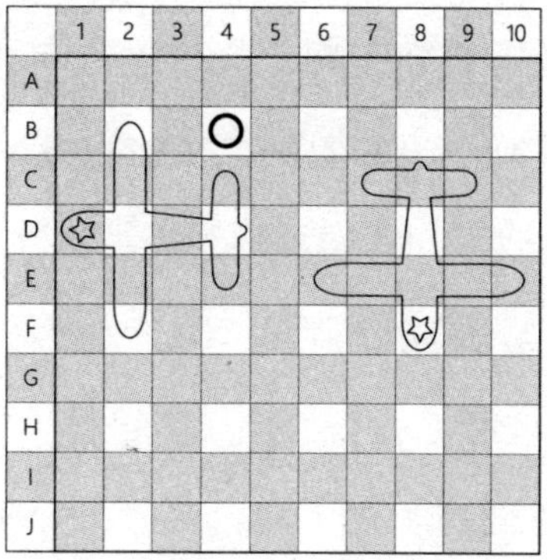

图 1-4　本方

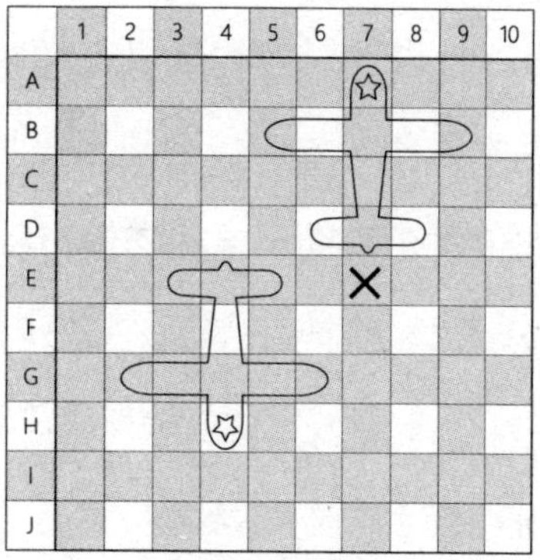

图 1-5　对方

（3）对方进行攻击。对方说“E，7”，即攻击本方（图1-4）的“E，7”位置。显然，对方击中了本方的战机，此时对方会在其表格（图1-5）上“E，7”处画上“×”，即对方击中了本方的一架战机。

（4）双方轮流攻击对方，并不断做好标记（如图1-6、图1-7），以尽快判断对方战机的位置和走向，从而比对方更快击毁对方的战机，也就是击中对方战机的头部。

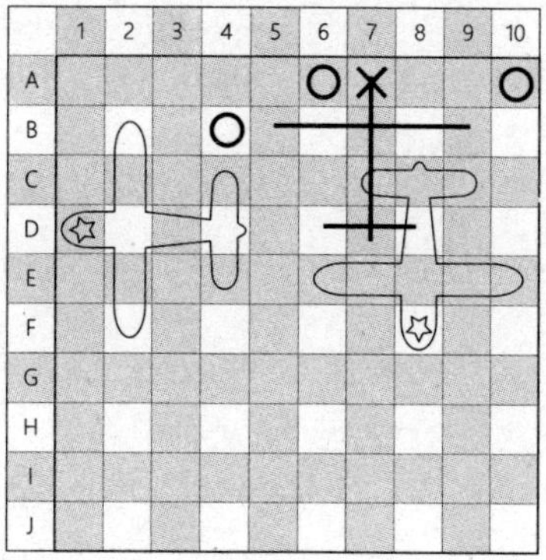

图 1-6　本方

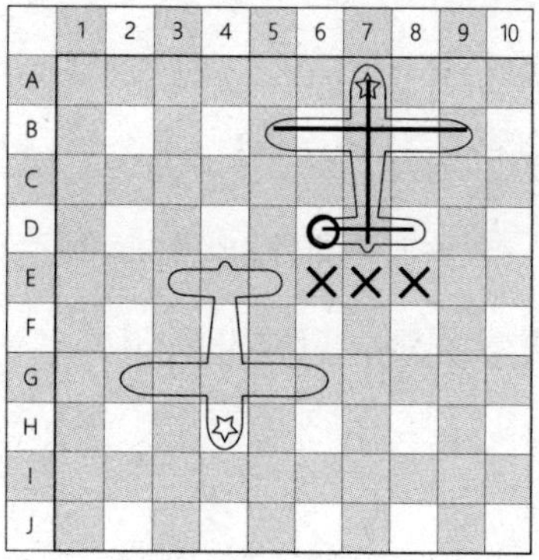

图 1-7　对方

（5）一旦击毁对方的战机，便可根据战机的占格数来判定战机的方向和走势。此时，不管是本方和对方，最后都用线将击毁的战机画出（如图1-6、图1-7）。本方画出对方战机的位置，有助于寻找其他目标；对方划掉战机，即表示此战机被击毁。

（6）双方继续对战，直到一方战机被全部击毁，以分出胜负。

【特别提醒】千万记清楚！本方在自己表格上做的标记（“○”“×”），标注的位置是本方攻击对方的位置，标注的结果显示的是是否击中对方战机。本方在被攻击时，最好不要做标记（或采用其他标记），否则可能会把对方战机的情况与本方战机的情况搞混。

战机的画法

在本书“自定义战区”部分，需要玩家自己动手绘制战机。战机的绘制其实十分简单，但一定要记住一架战机的基本形状和其所占的表格数。至于其他细节，玩家可根据自己意愿自由发挥。图1-8展示了战机的基本画法，玩家只需顺着一个方形按照虚线勾画即可学会。当然，战机的轮廓并不要求美观，只要形似即可。

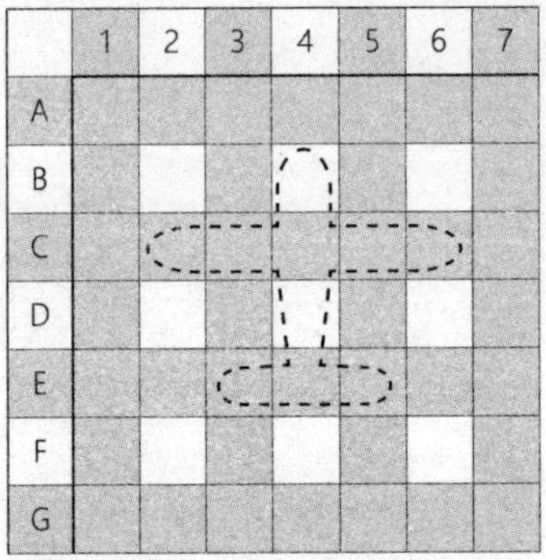

图 1-8

初级战区

难度：★★☆☆☆

本区均为10×10格表格，战机3架，难度一般，适合初级玩家进行对战。

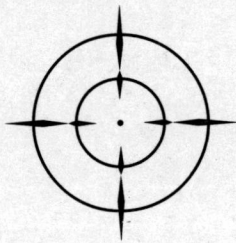

对手：________　　**战果：**胜□ 负□　　**用时：**________

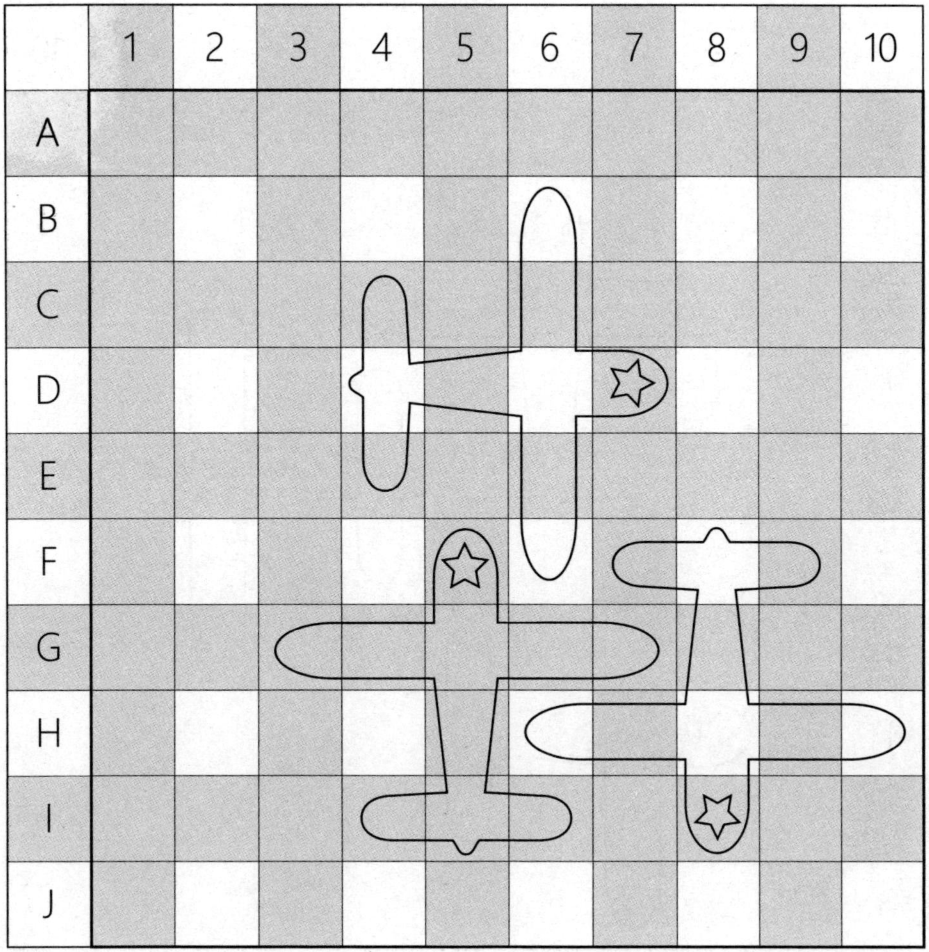

对手：________　　　战果：胜□　负□　　　用时：________

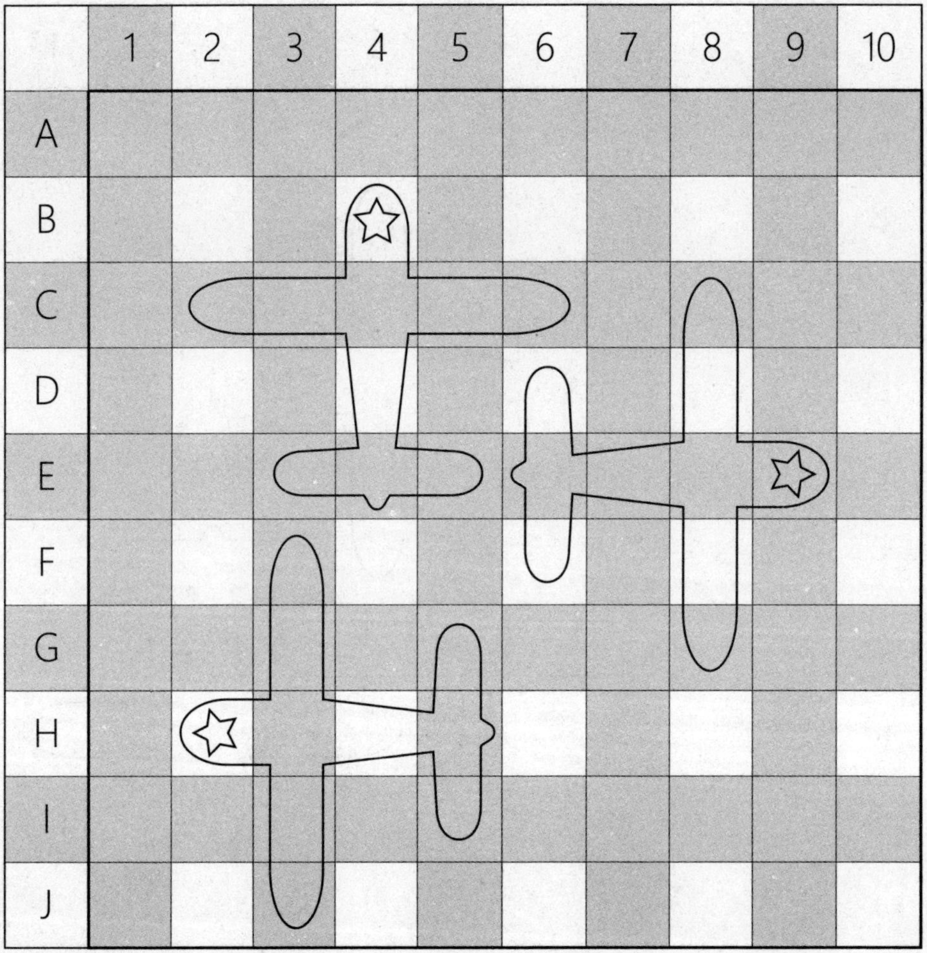

对手：__________ **战果：**胜□ 负□ **用时：**__________

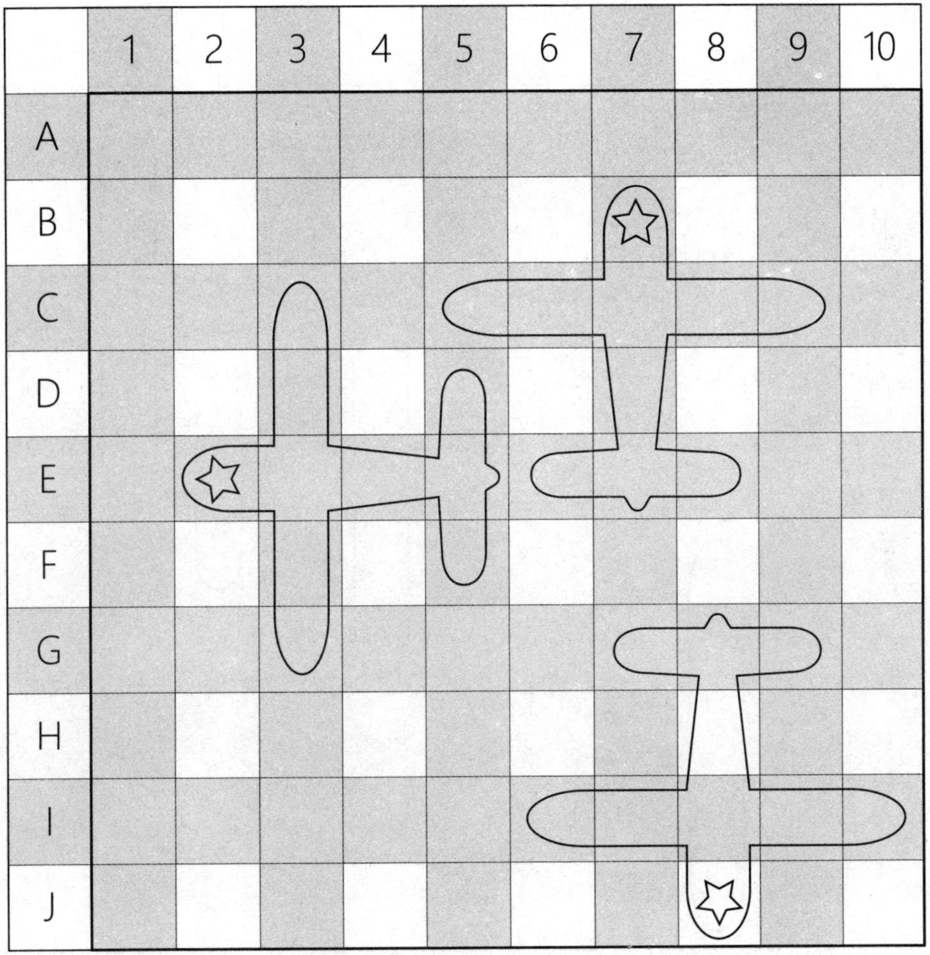

对手： ________　　**战果：** 胜□　负□　　**用时：** ________

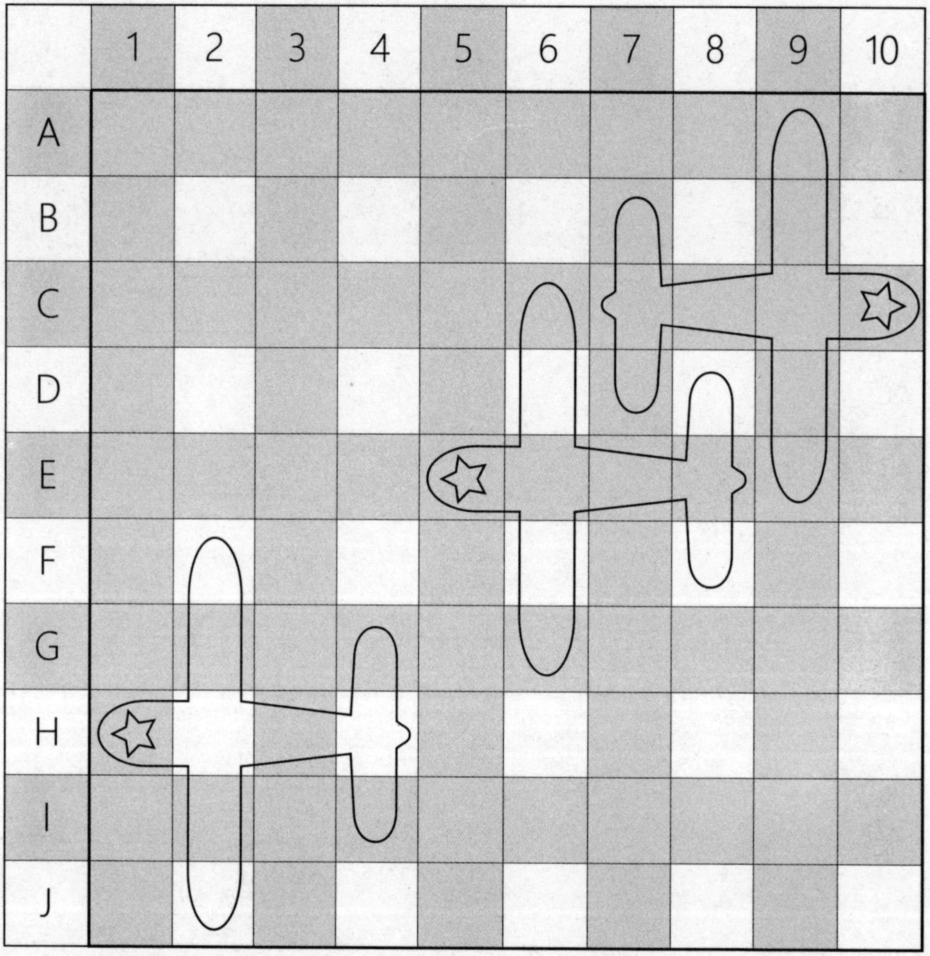

对手：__________ **战果：**胜□ 负□ **用时：**__________

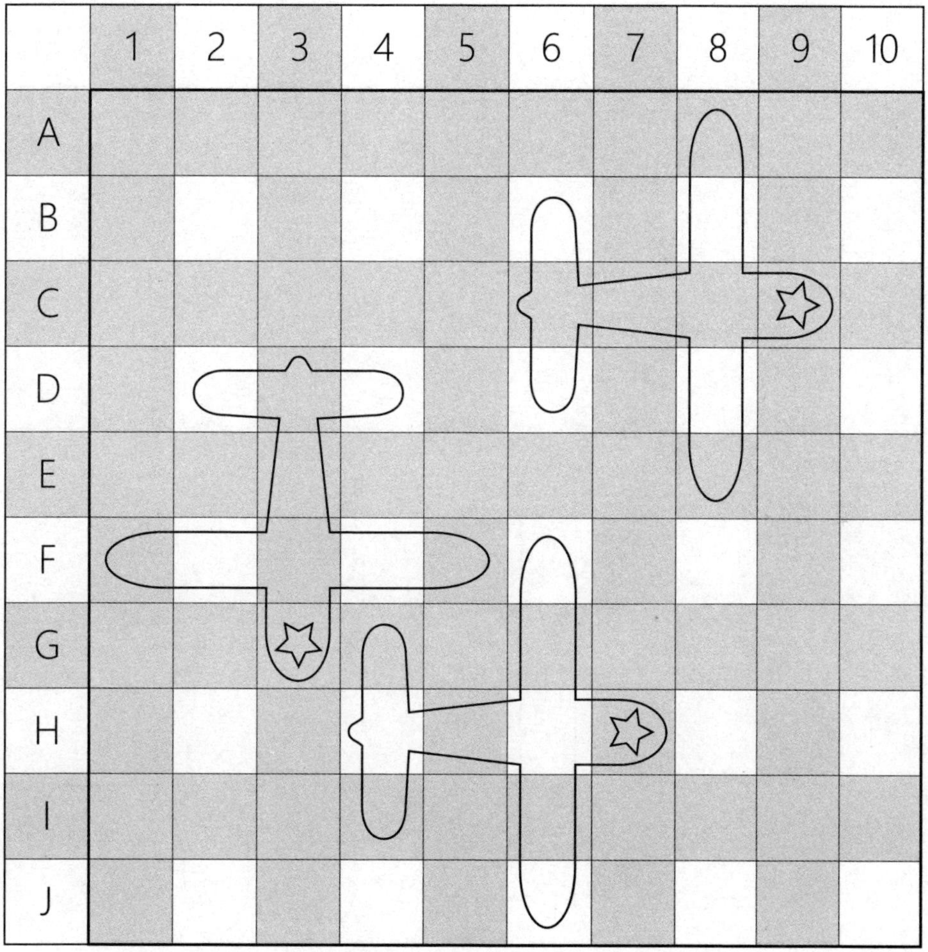

对手： ________　　**战果：** 胜□　负□　　**用时：** ________

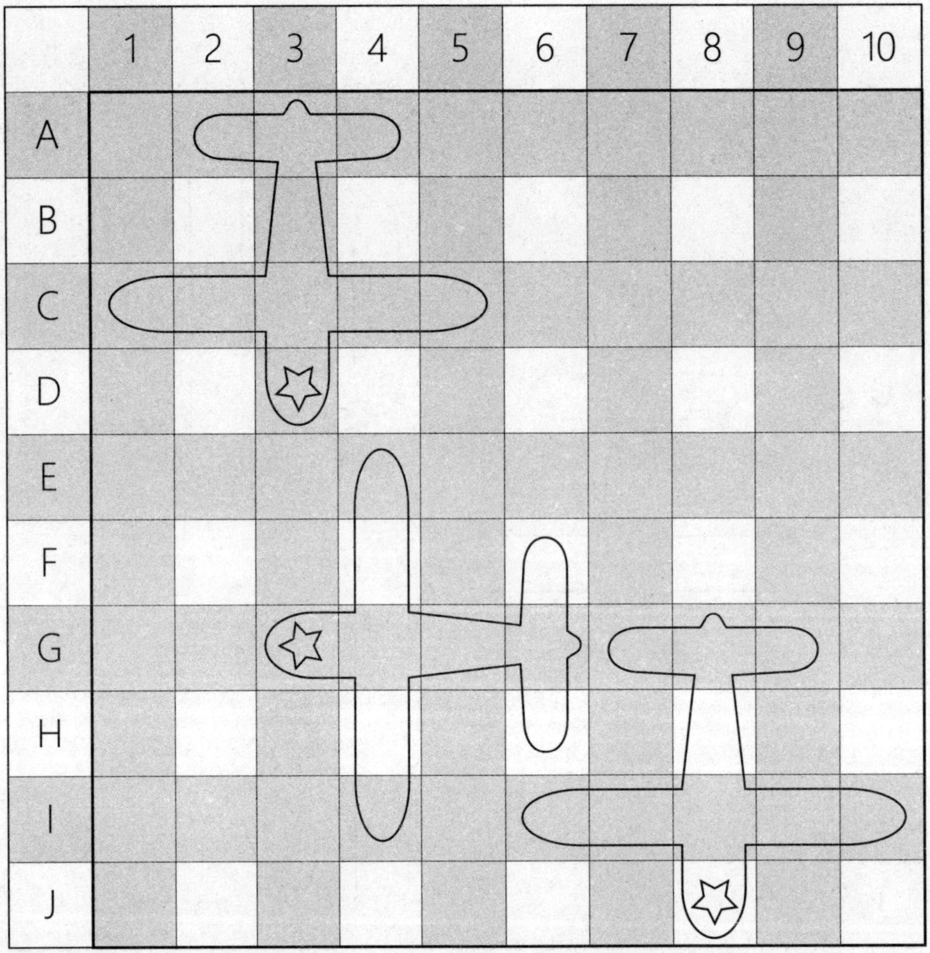

对手： ________ **战果：** 胜□ 负□ **用时：** ________

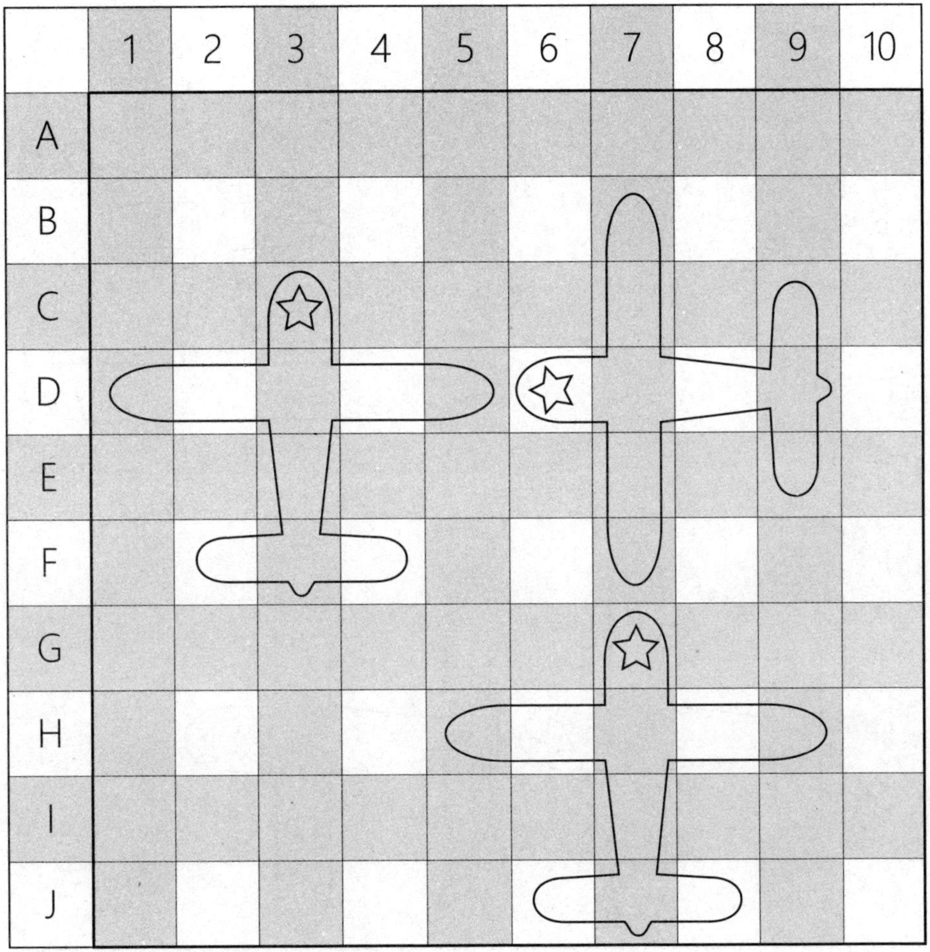

对手：________ 战果：胜□ 负□ 用时：________

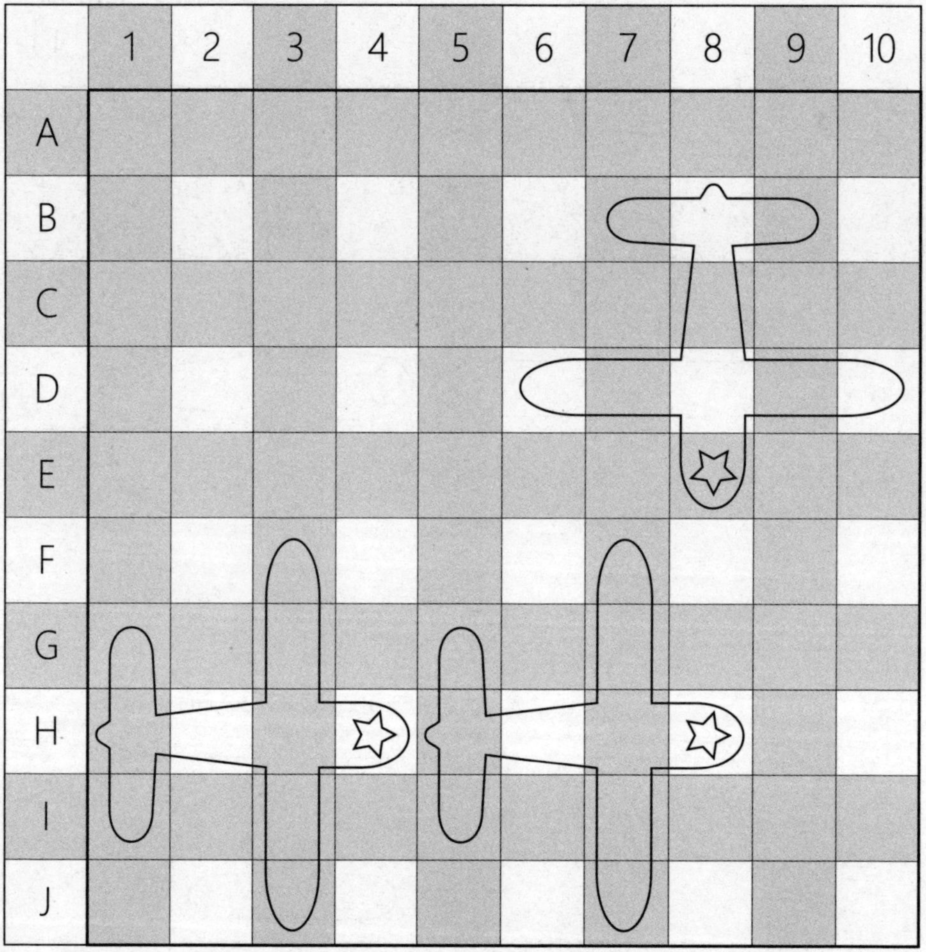

对手：________　　**战果：**胜□　负□　　**用时：**________

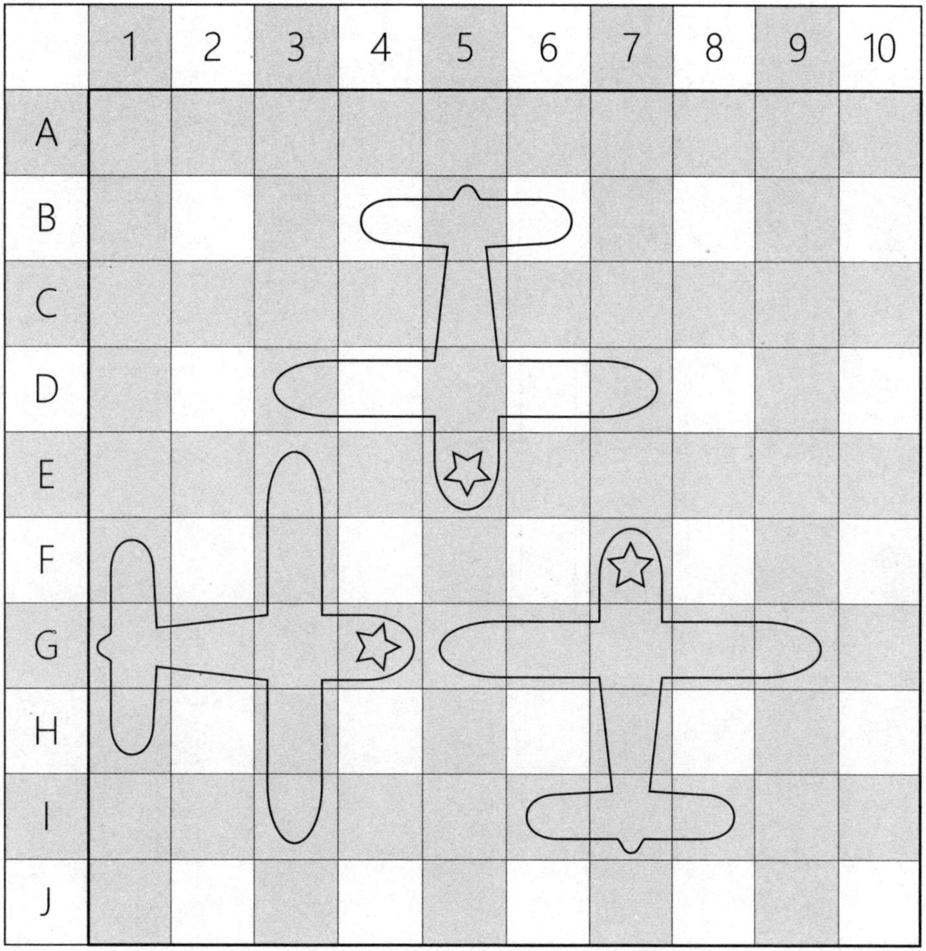

对手：________　　**战果：**胜□　负□　　**用时：**________

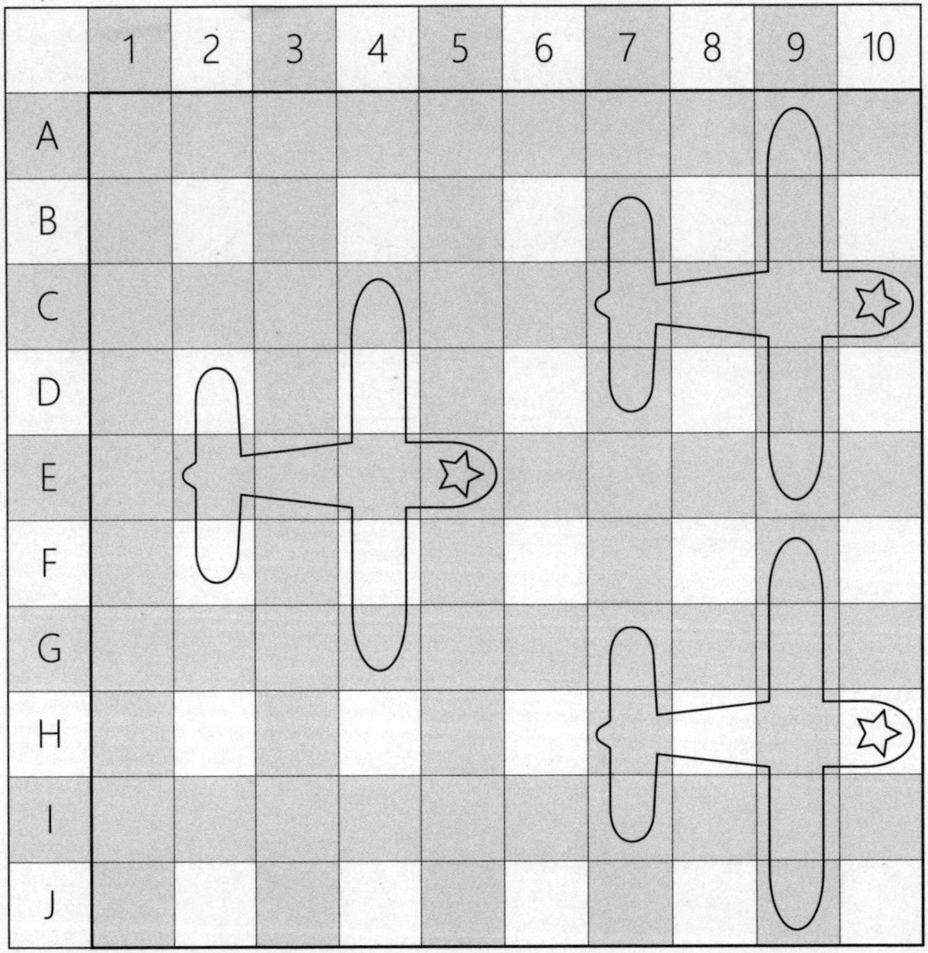

对手：________ **战果：** 胜□ 负□ **用时：** ________

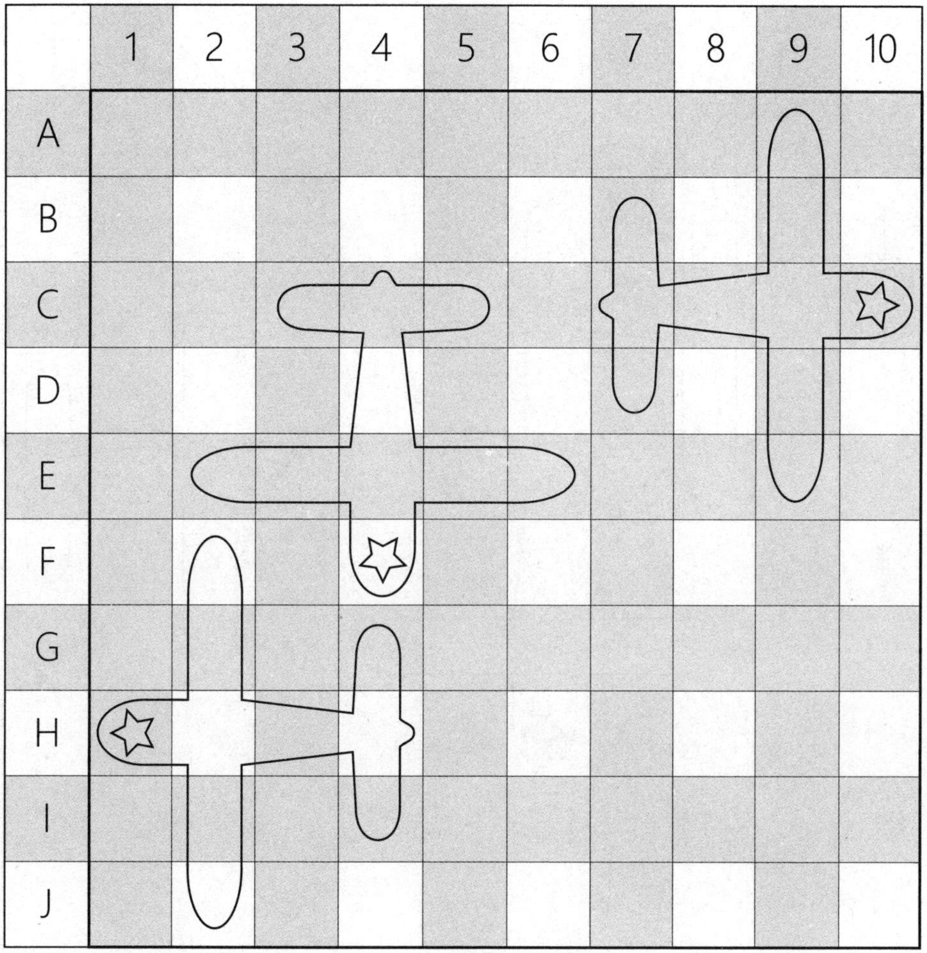

对手：________　　**战果：**胜□　负□　　**用时：**________

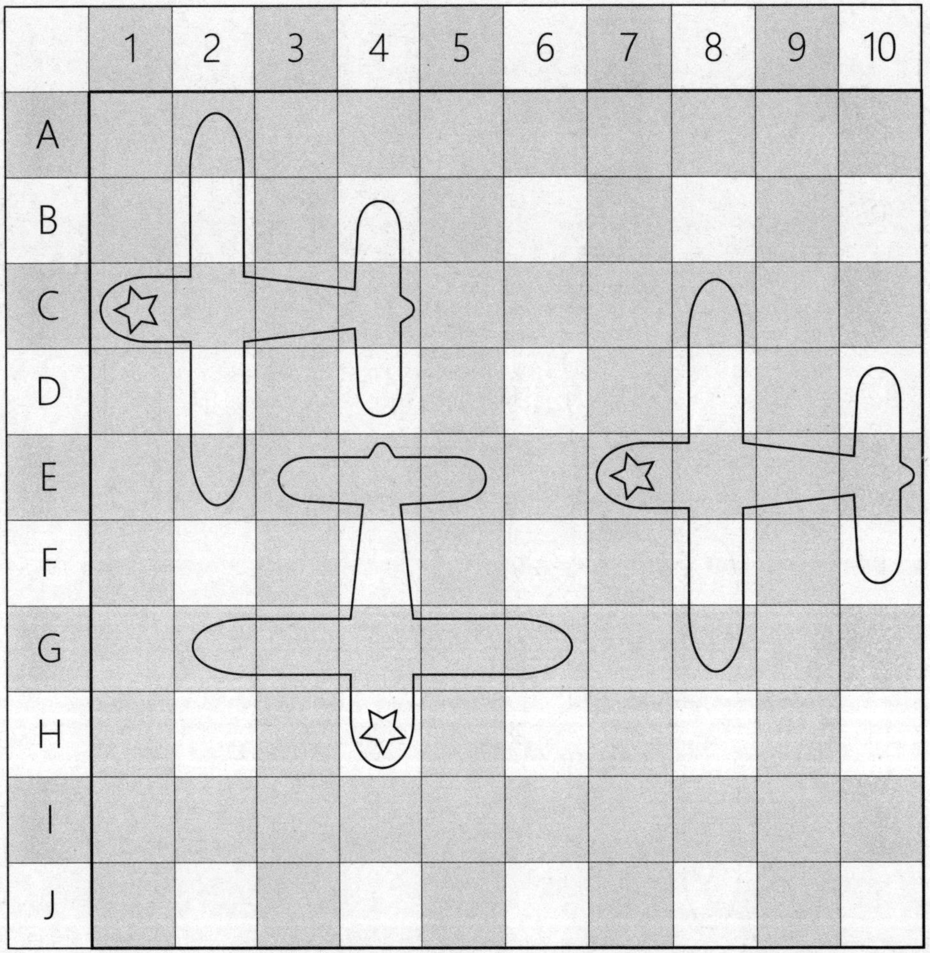

对手：________　　**战果：**胜□　负□　　**用时：**________

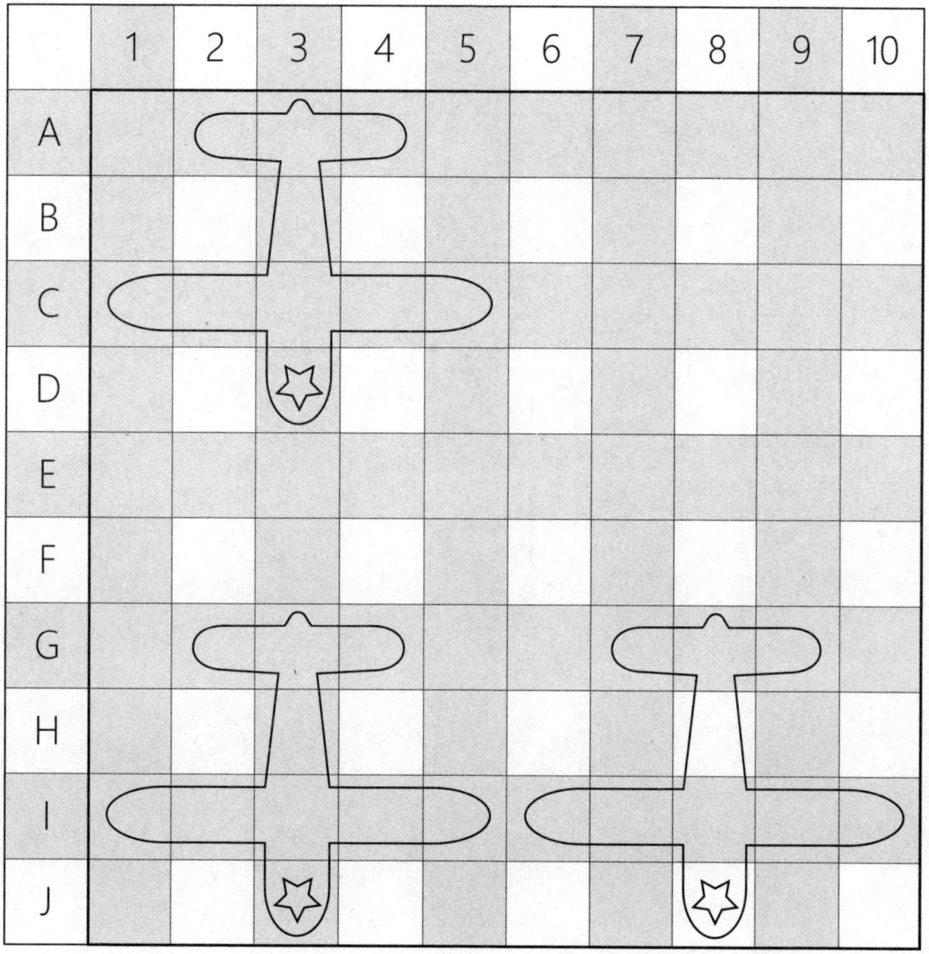

对手：________　　战果：胜□ 负□　　用时：________

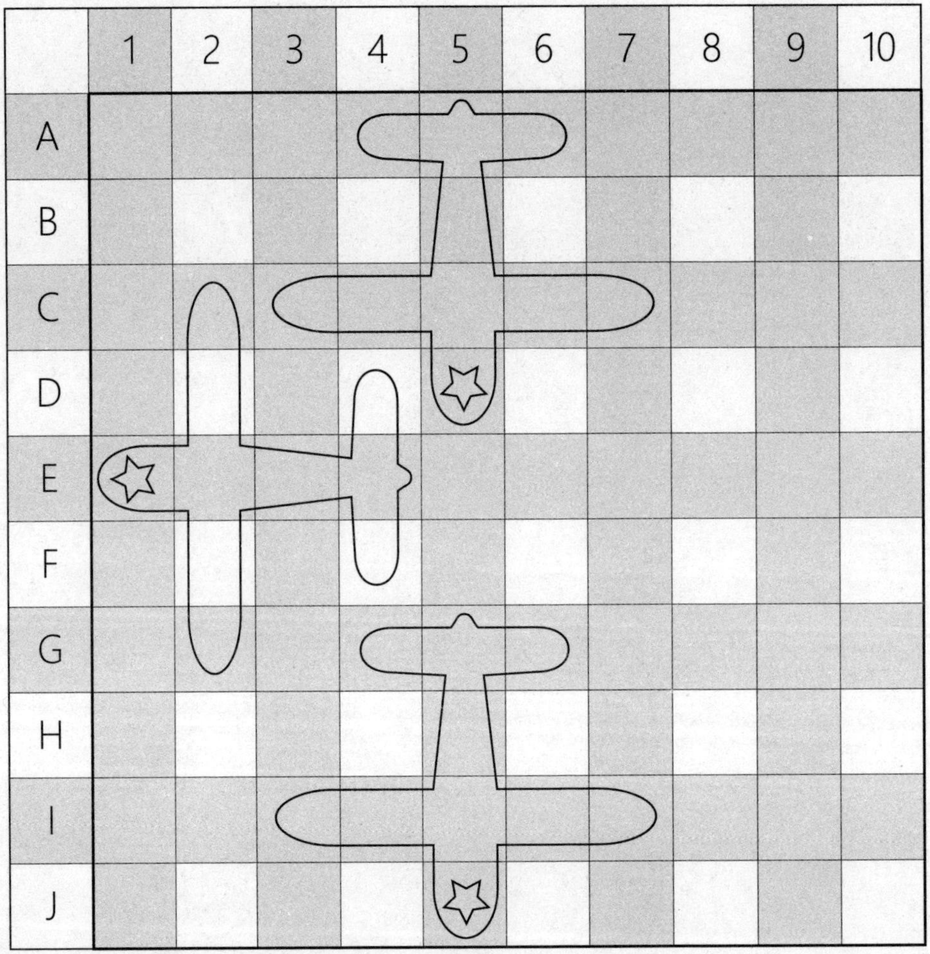

对手：________ **战果：**胜□ 负□ **用时：**________

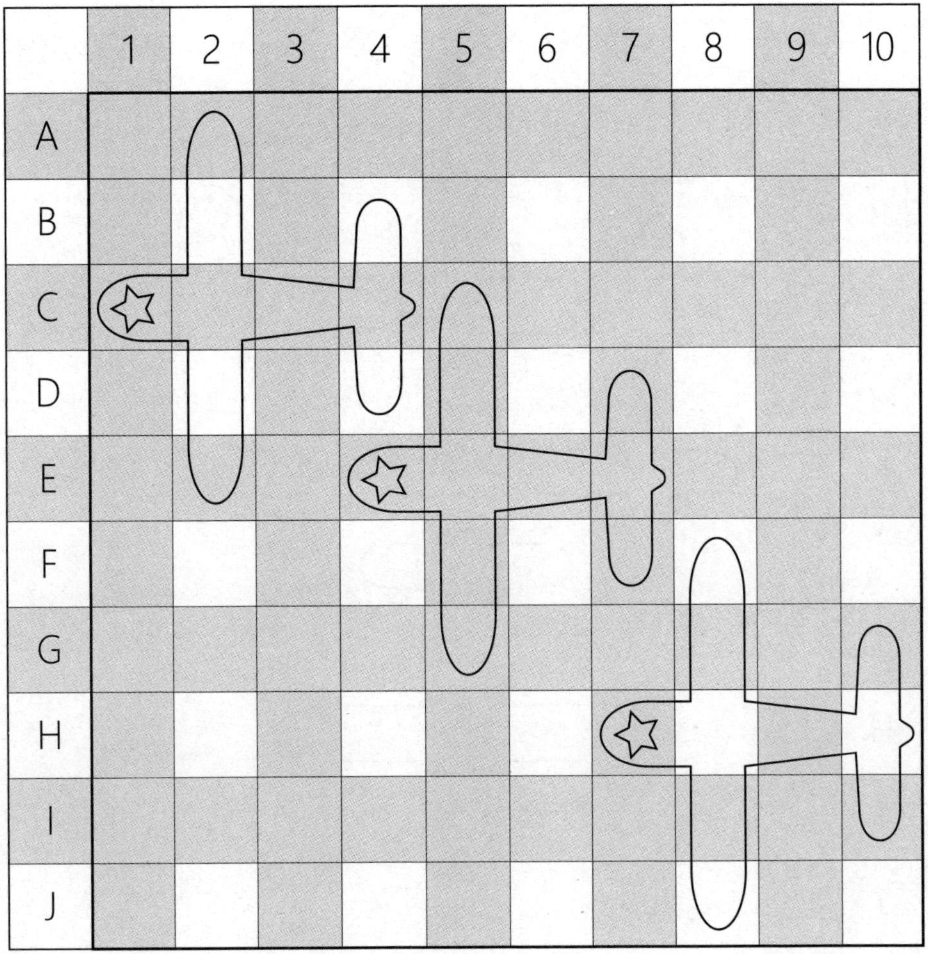

对手：________ **战果：**胜□ 负□ **用时：**________

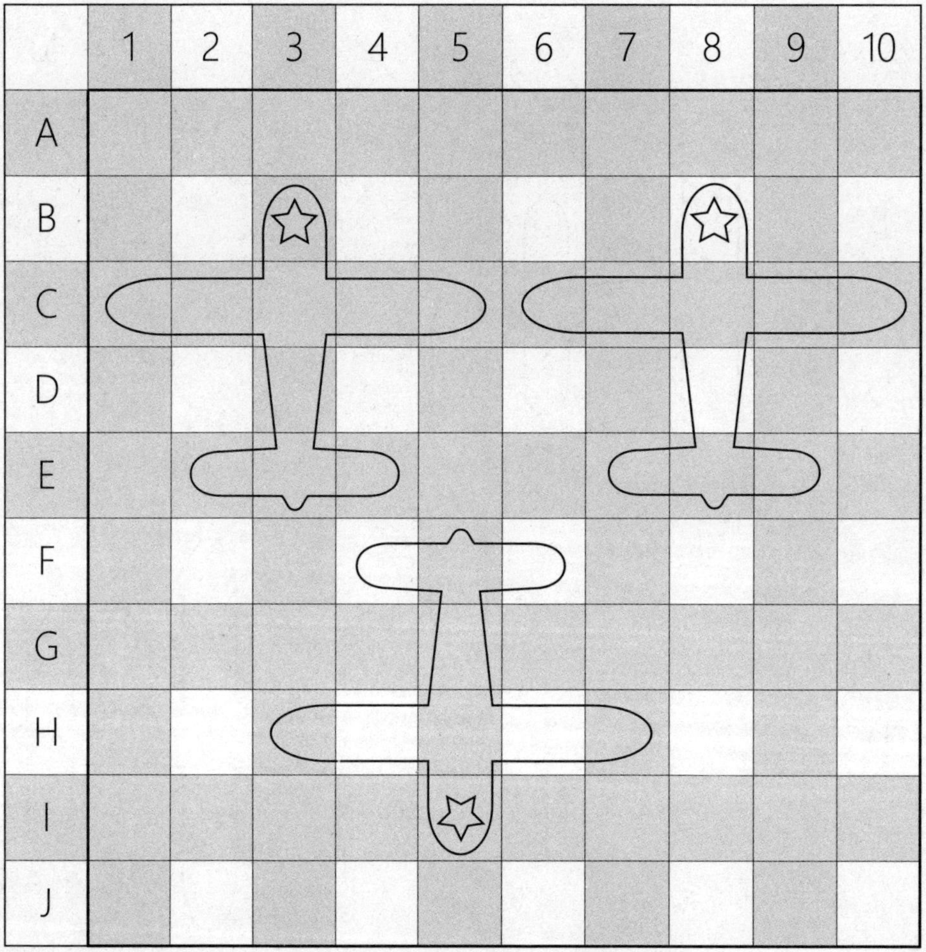

对手：________　　战果：胜□　负□　　用时：________

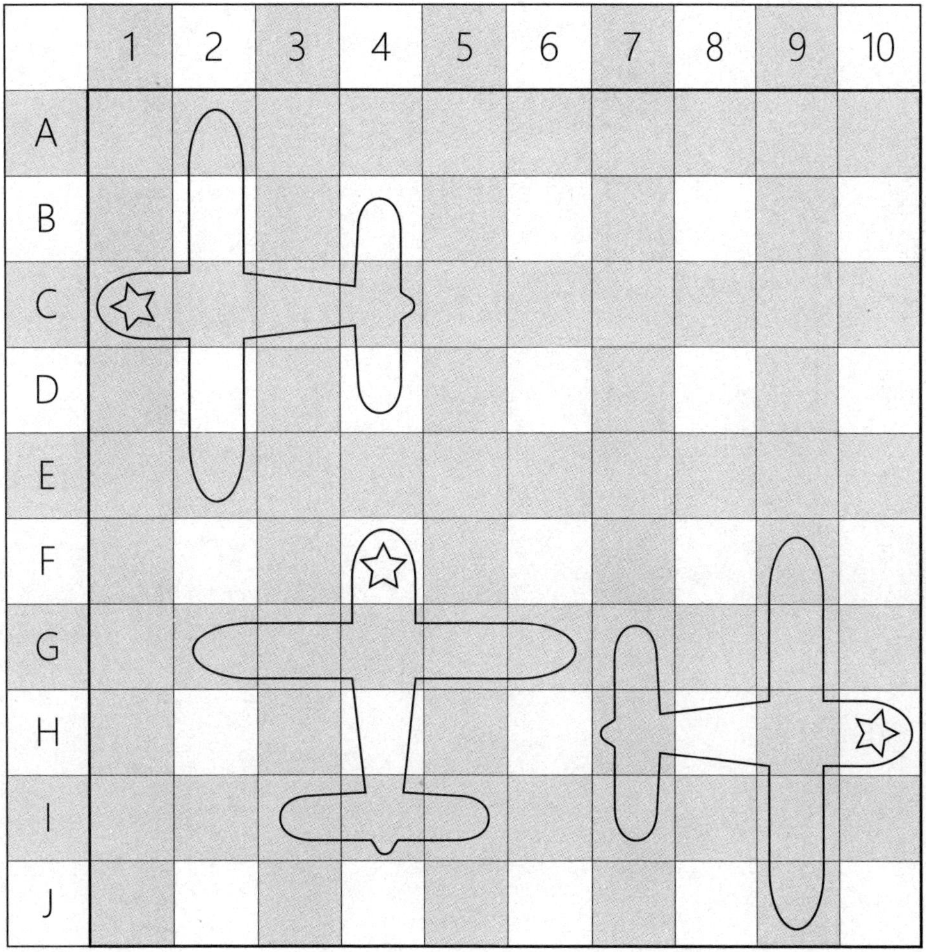

对手：________　　战果：胜□　负□　　用时：________

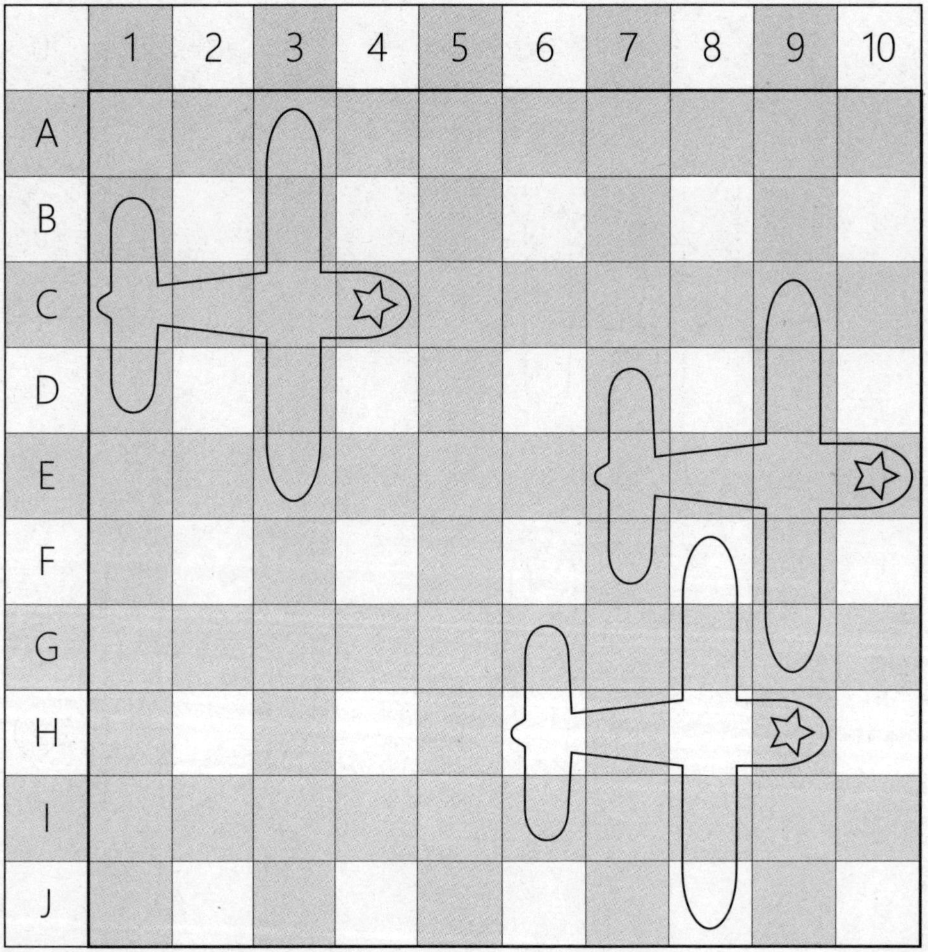

对手： ________　　**战果：** 胜□　负□　　**用时：** ________

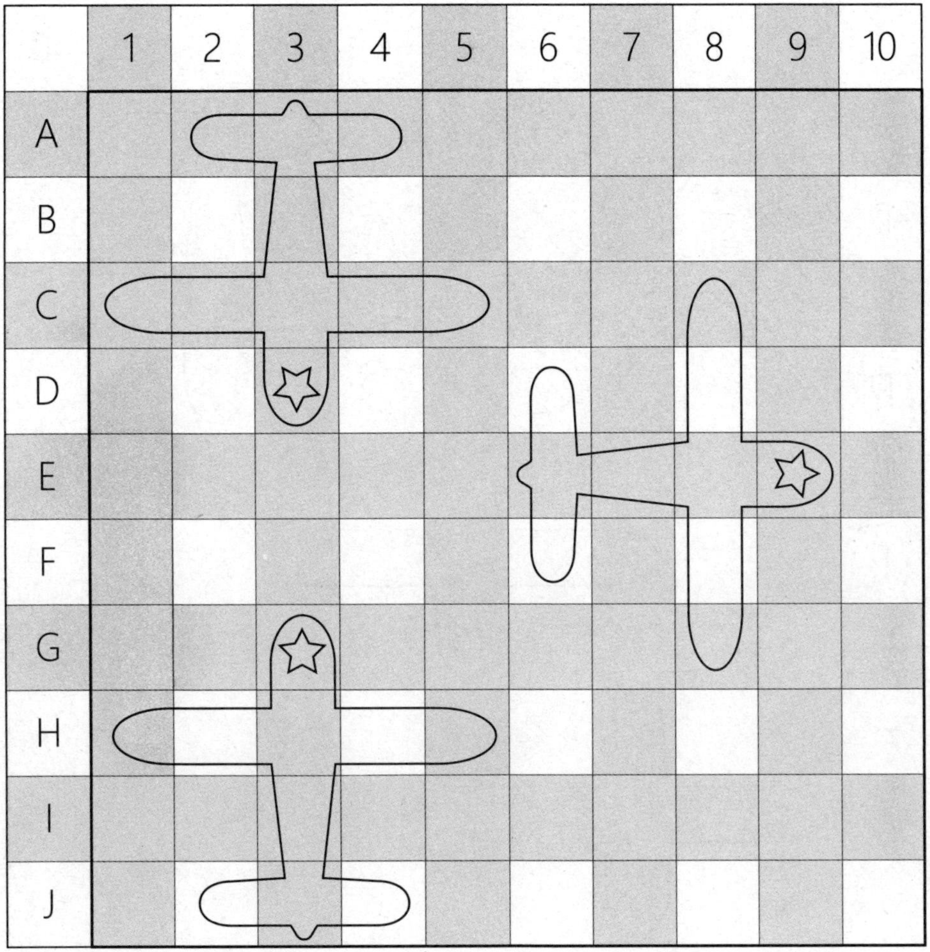

对手： ________　　**战果：** 胜☐　负☐　　**用时：** ________

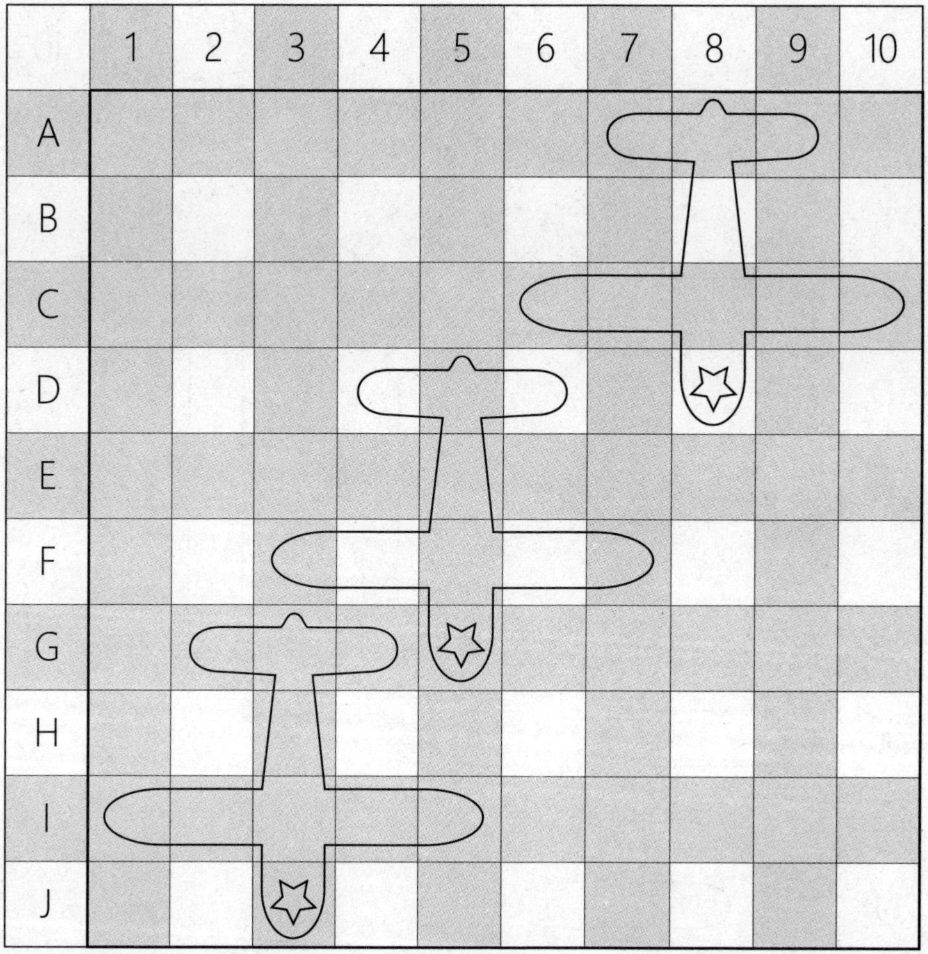

中级战区

难度：★★★★☆

本区均为15×15格表格，战机5架，难度较高，适合中级玩家进行对战。

对手：________　　战果：胜□　负□　　用时：________

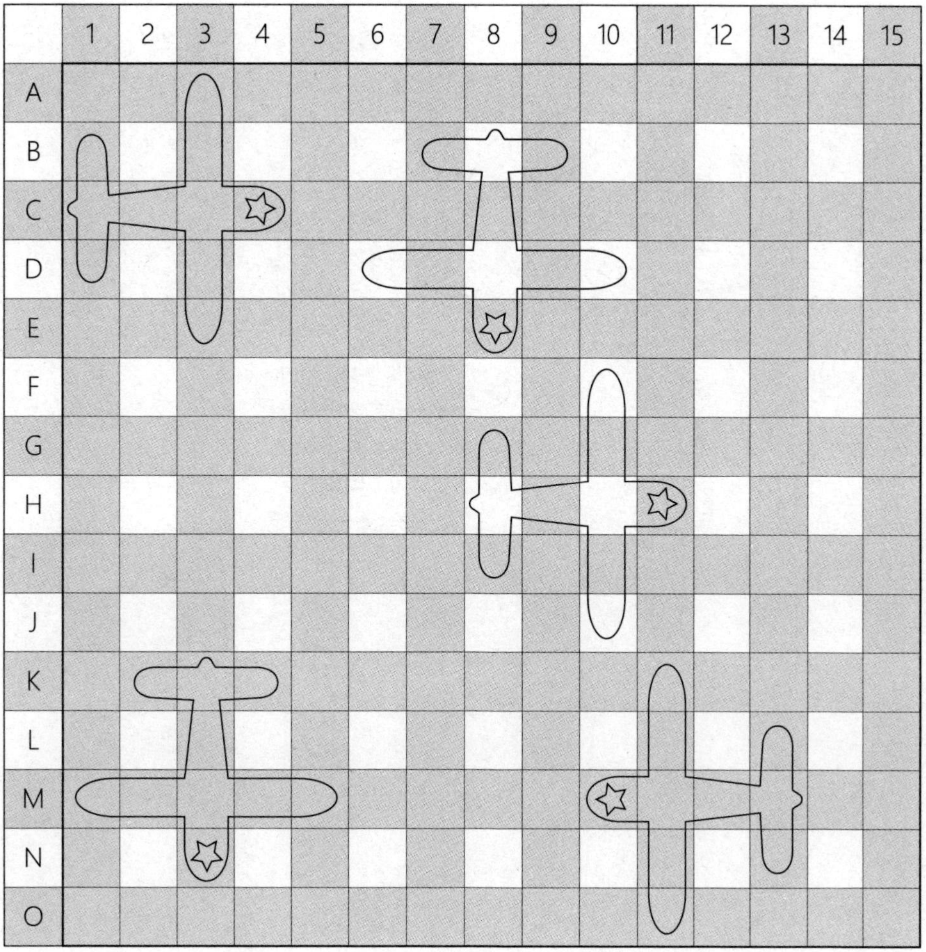

对手： ________ **战果：** 胜□ 负□ **用时：** ________

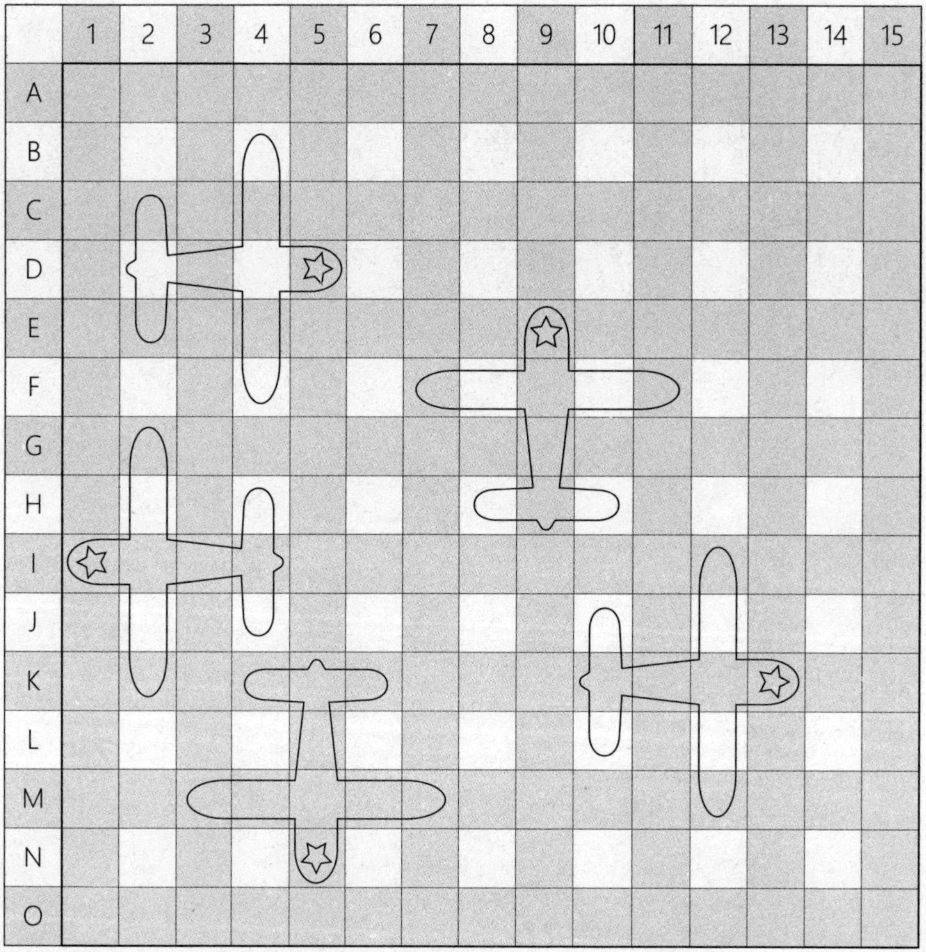

对手： ________　　**战果：** 胜□　负□　　**用时：** ________

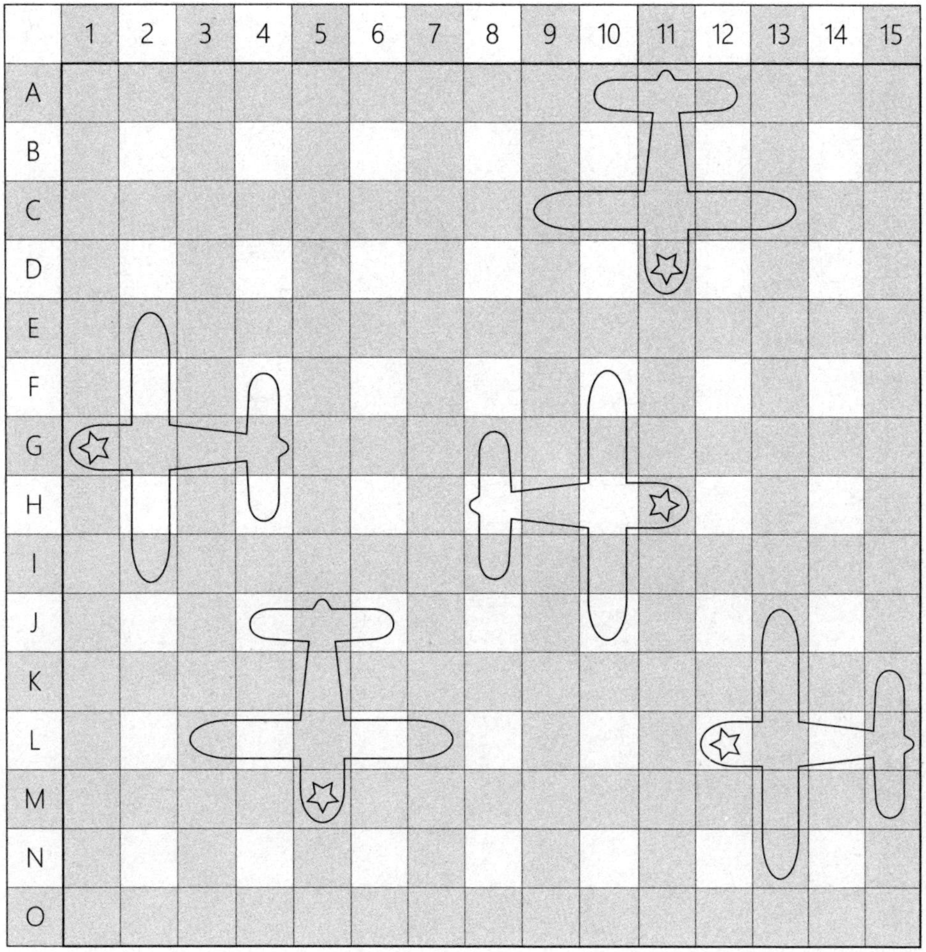

对手：________ 战果：胜□ 负□ 用时：________

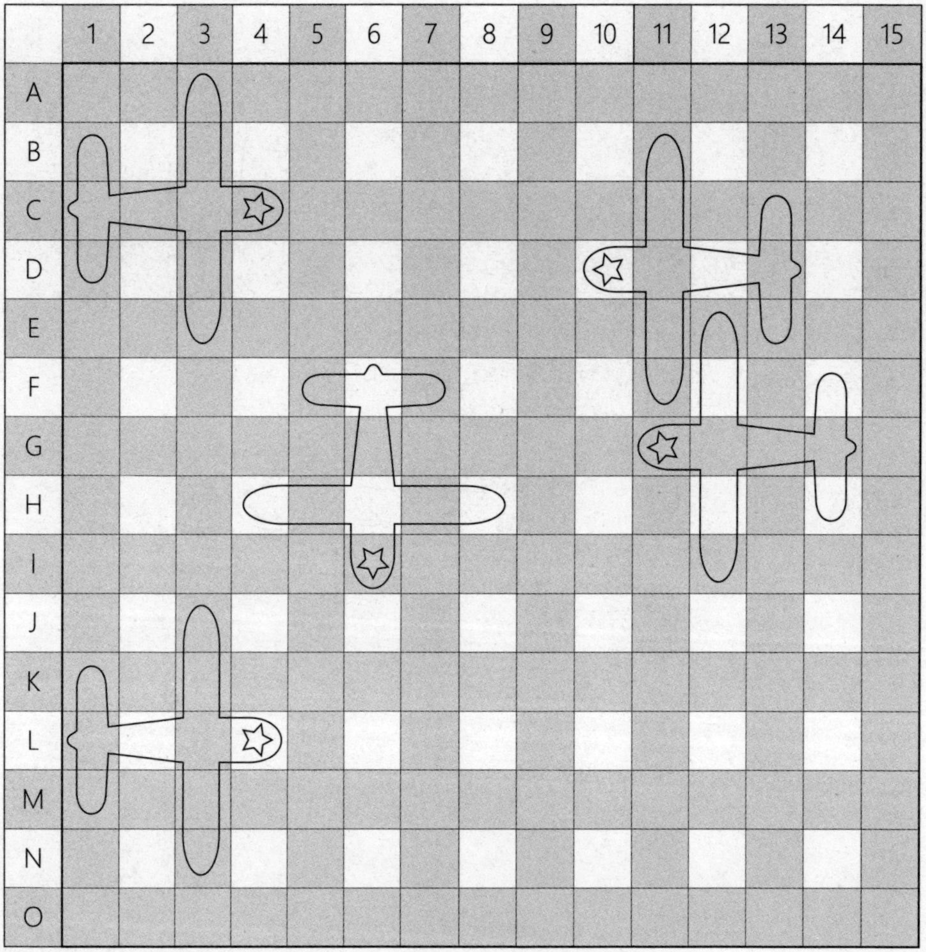

对手：________　　**战果：**胜□　负□　　**用时：**________

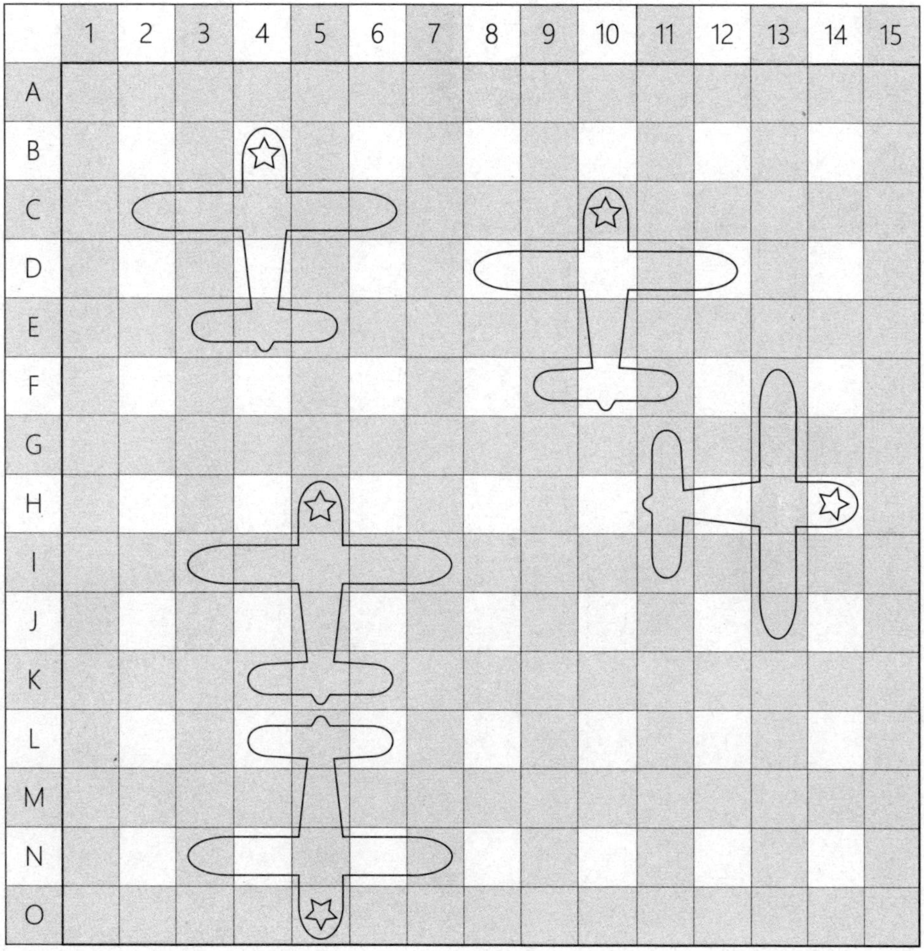

对手：_________ **战果：**胜□ 负□ **用时：**_________

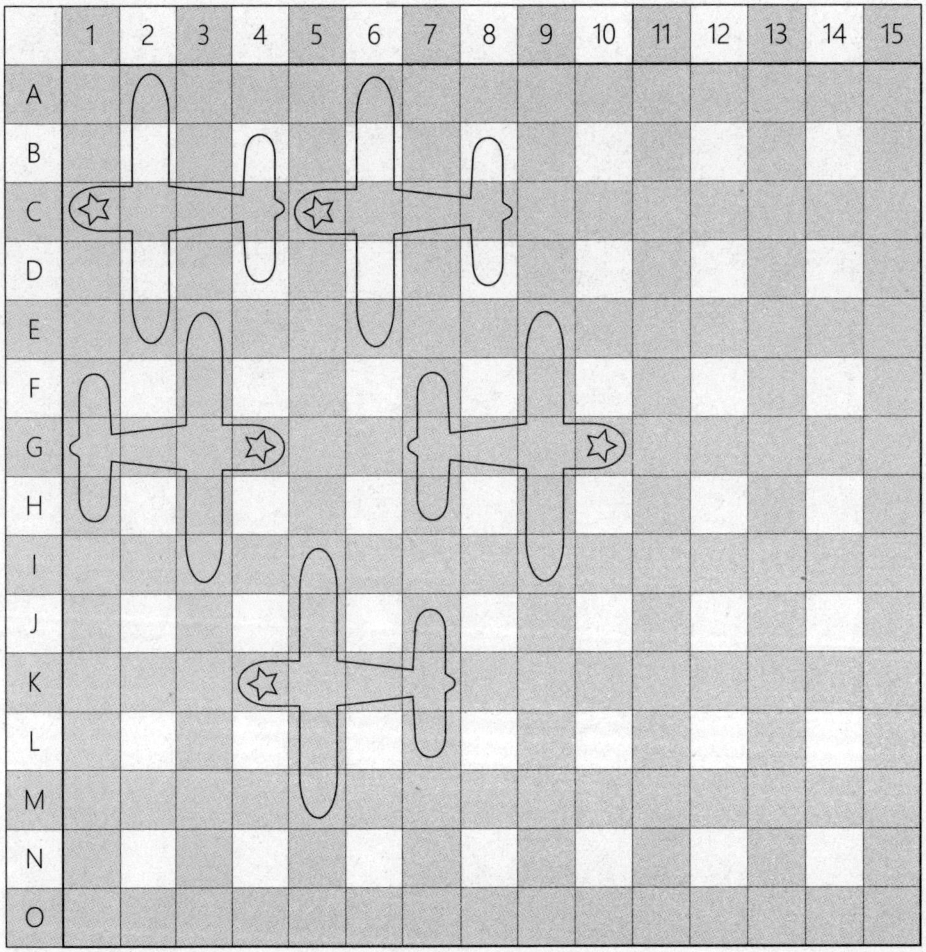

对手：________　　战果：胜□　负□　　用时：________

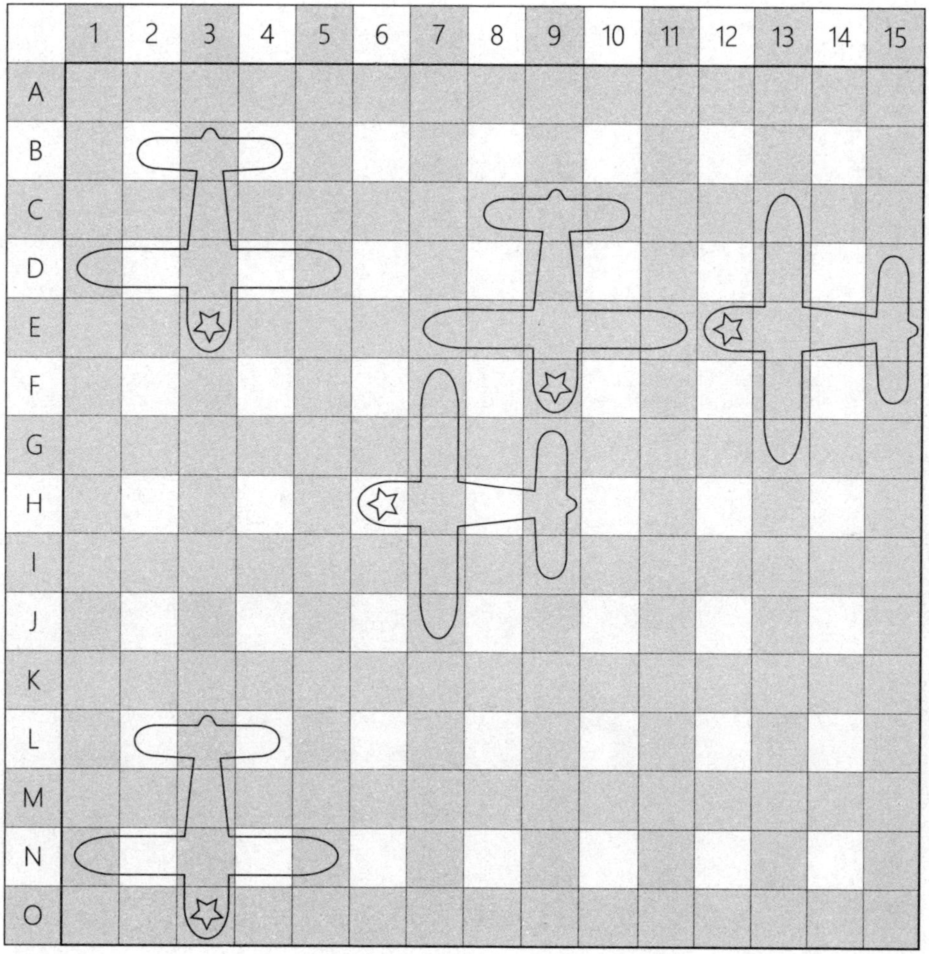

对手： ________　　**战果：** 胜□ 负□　　**用时：** ________

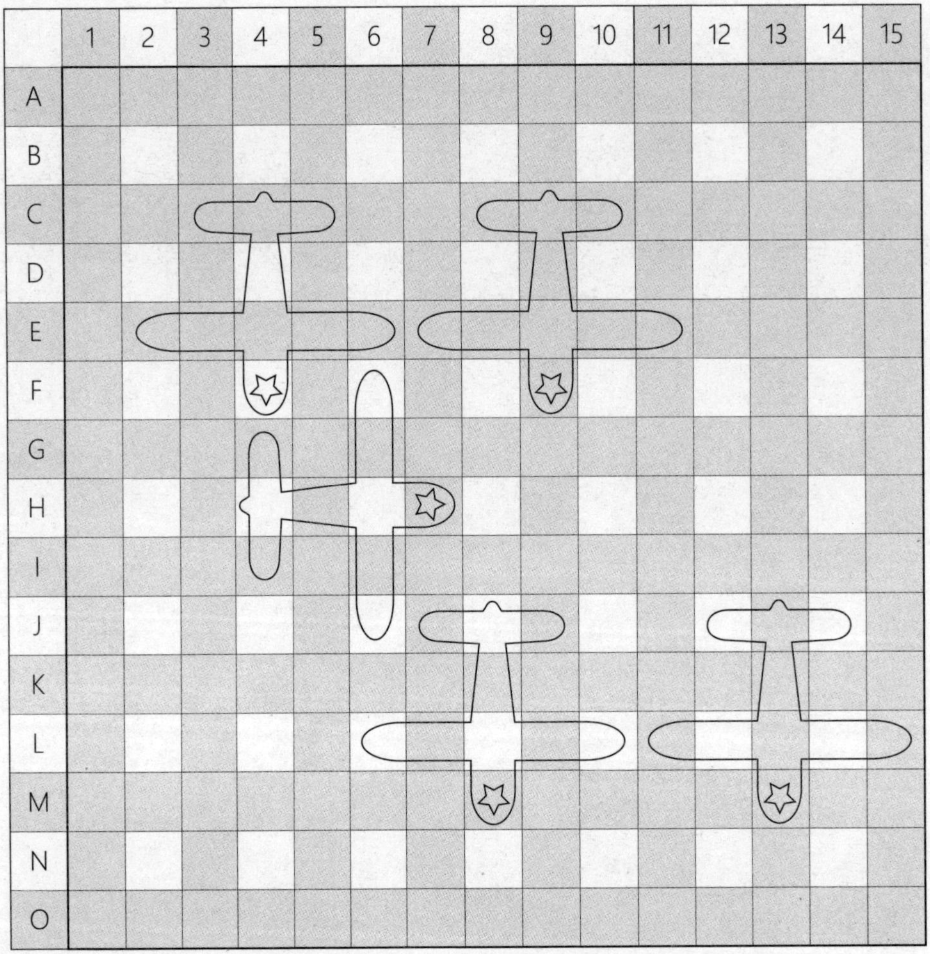

对手：________ 战果：胜□ 负□ 用时：________

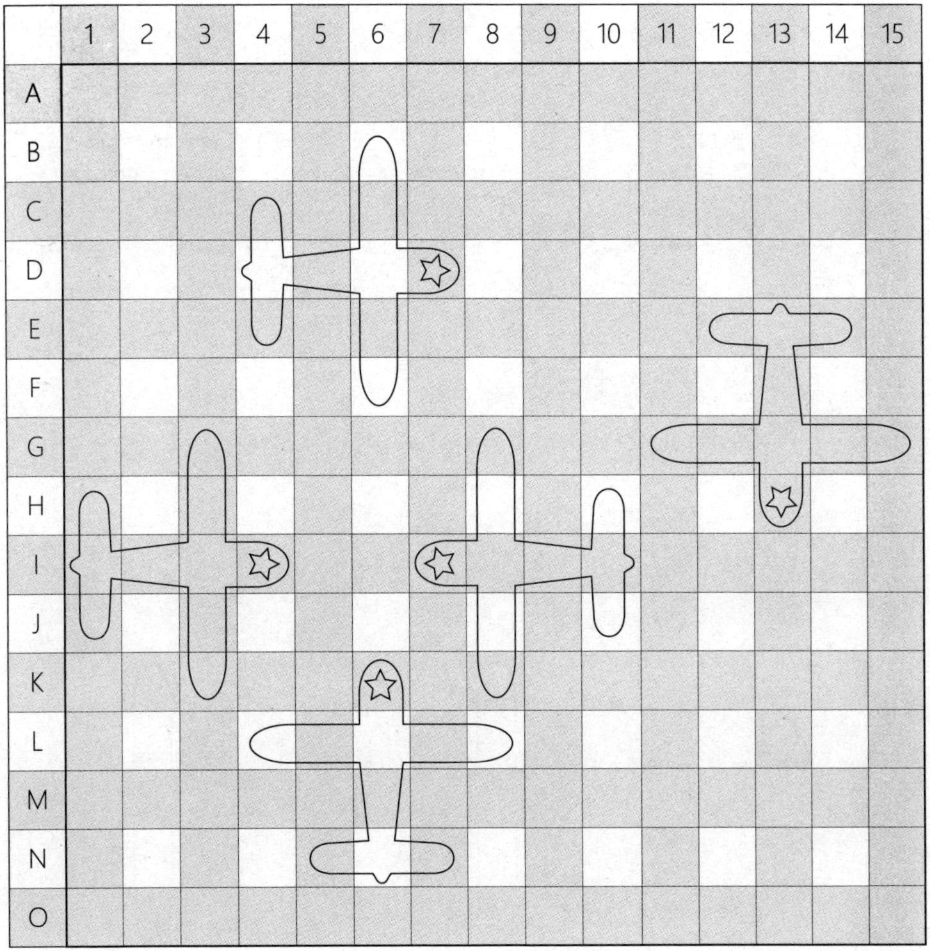

对手：________　　战果：胜□　负□　　用时：________

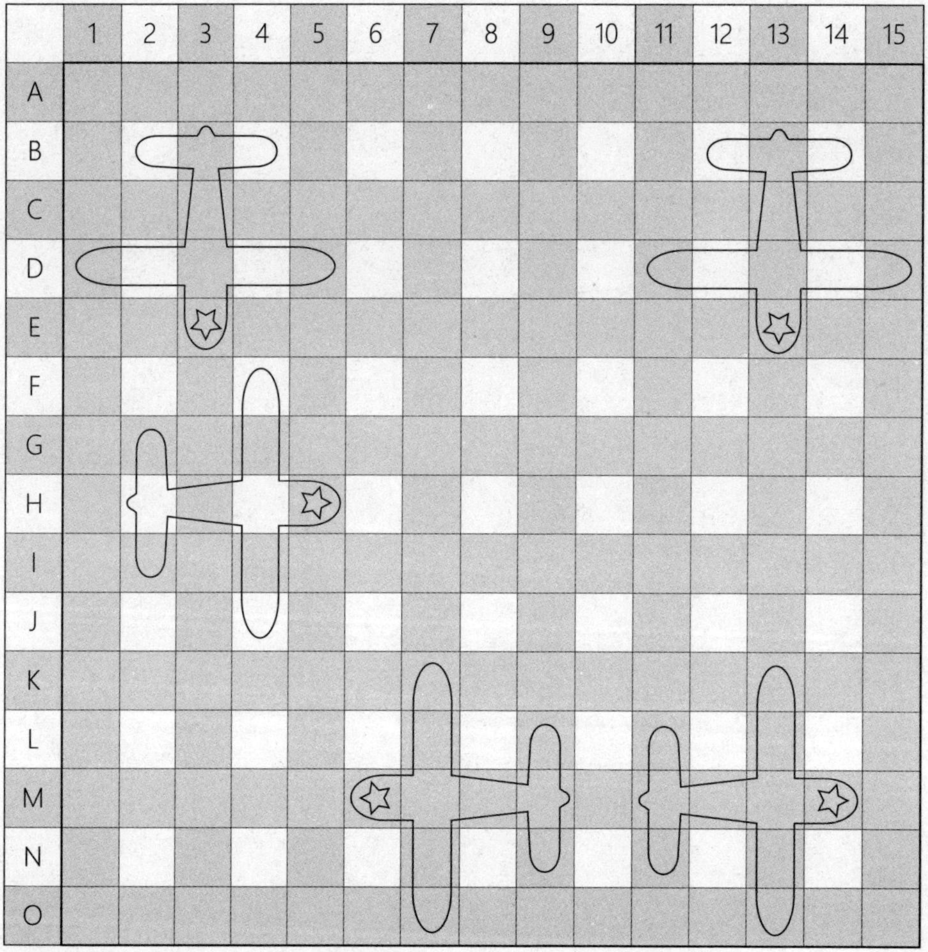

对手： ________　　**战果：**胜□　负□　　**用时：** ________

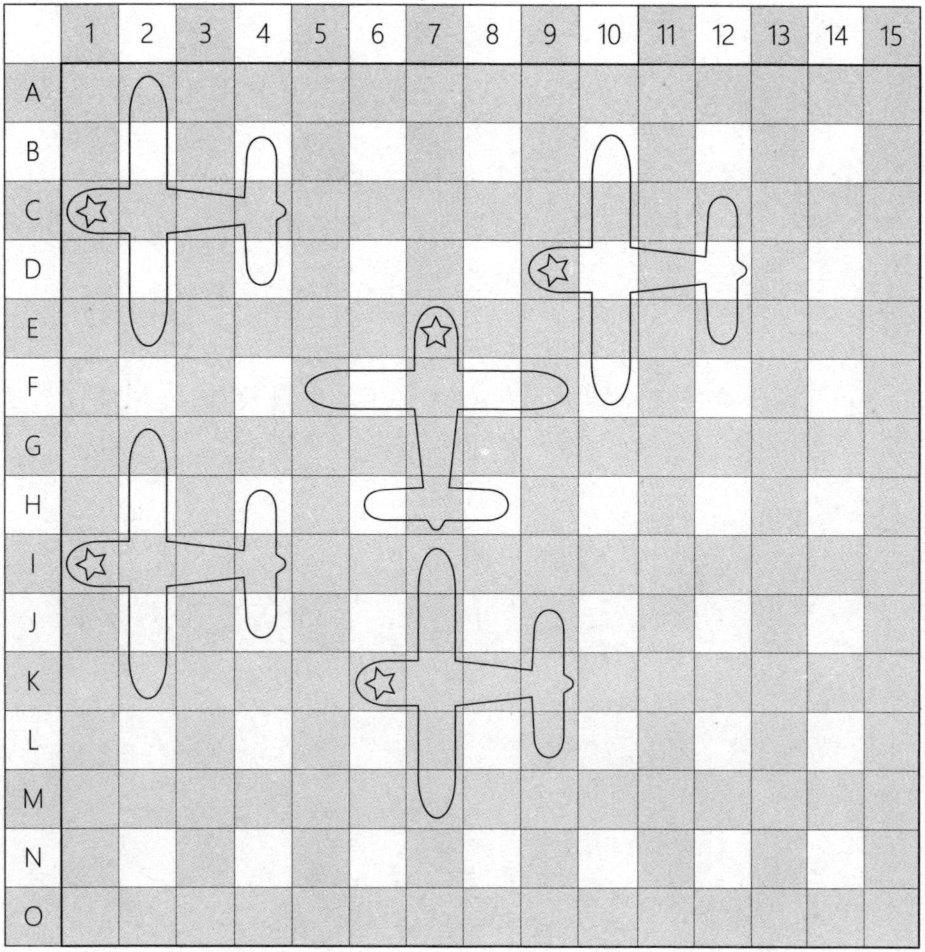

对手：________ 战果：胜□ 负□ 用时：________

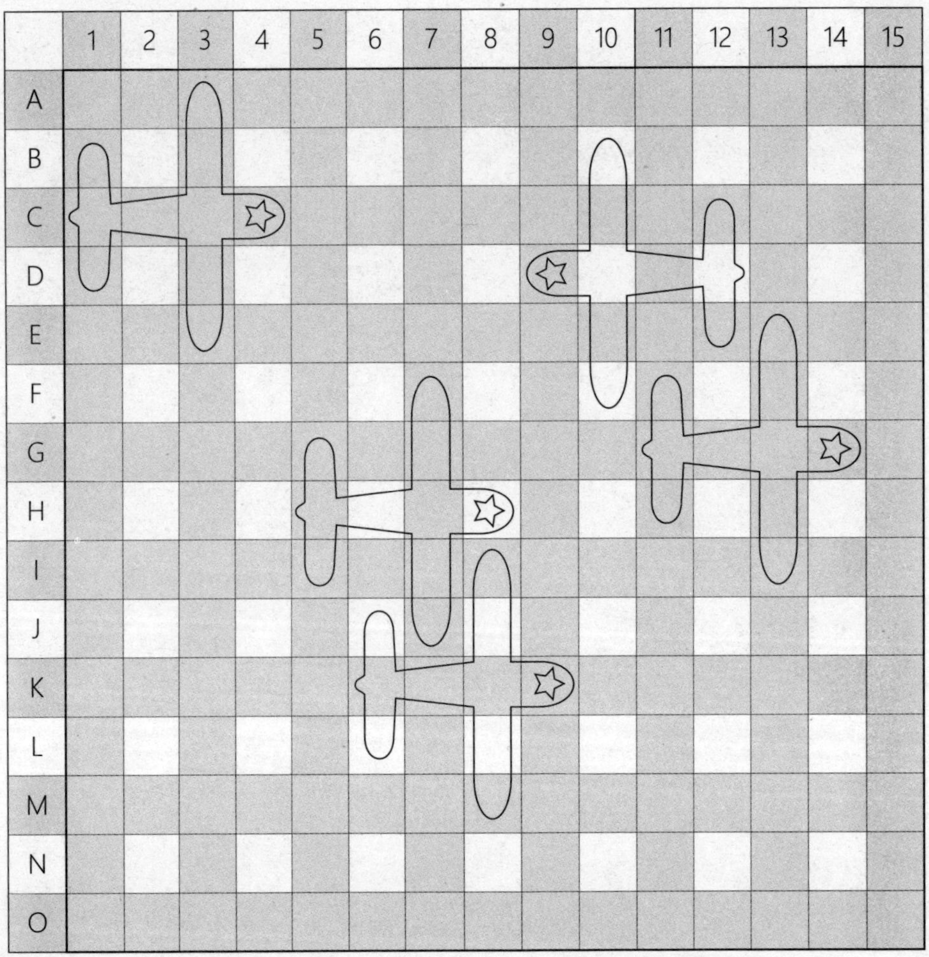

对手： ________ **战果：** 胜□ 负□ **用时：** ________

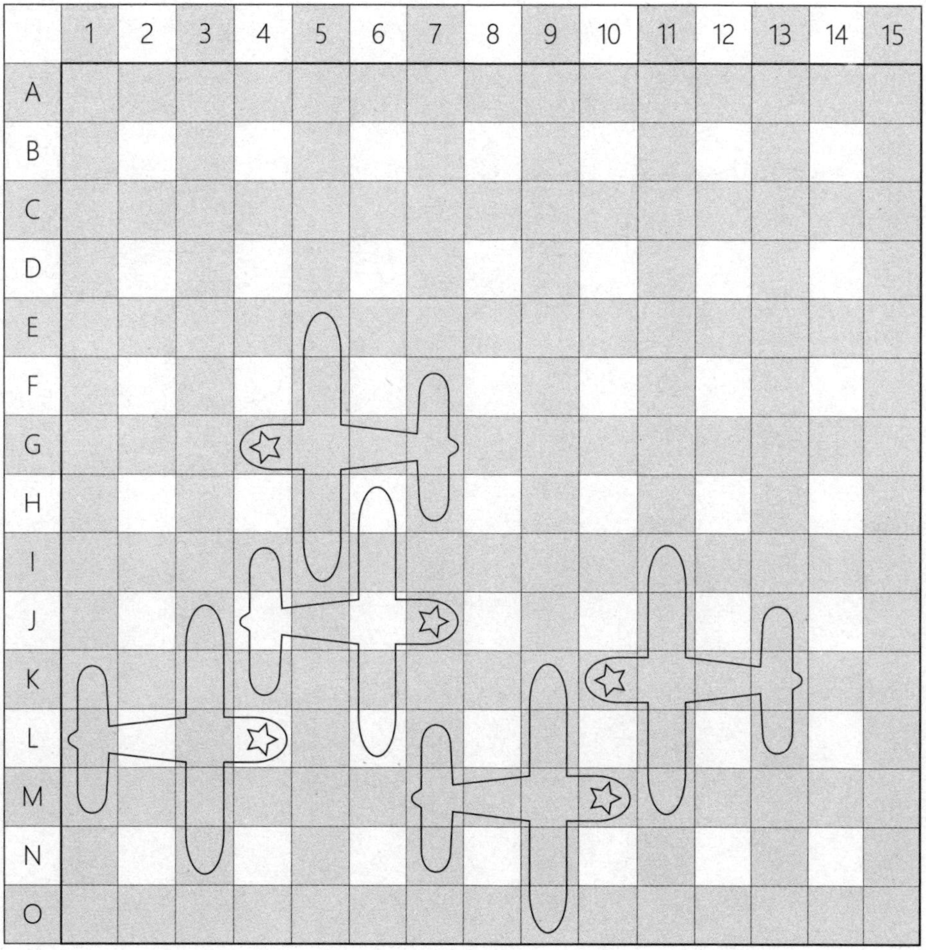

对手：________　　战果：胜□　负□　　用时：________

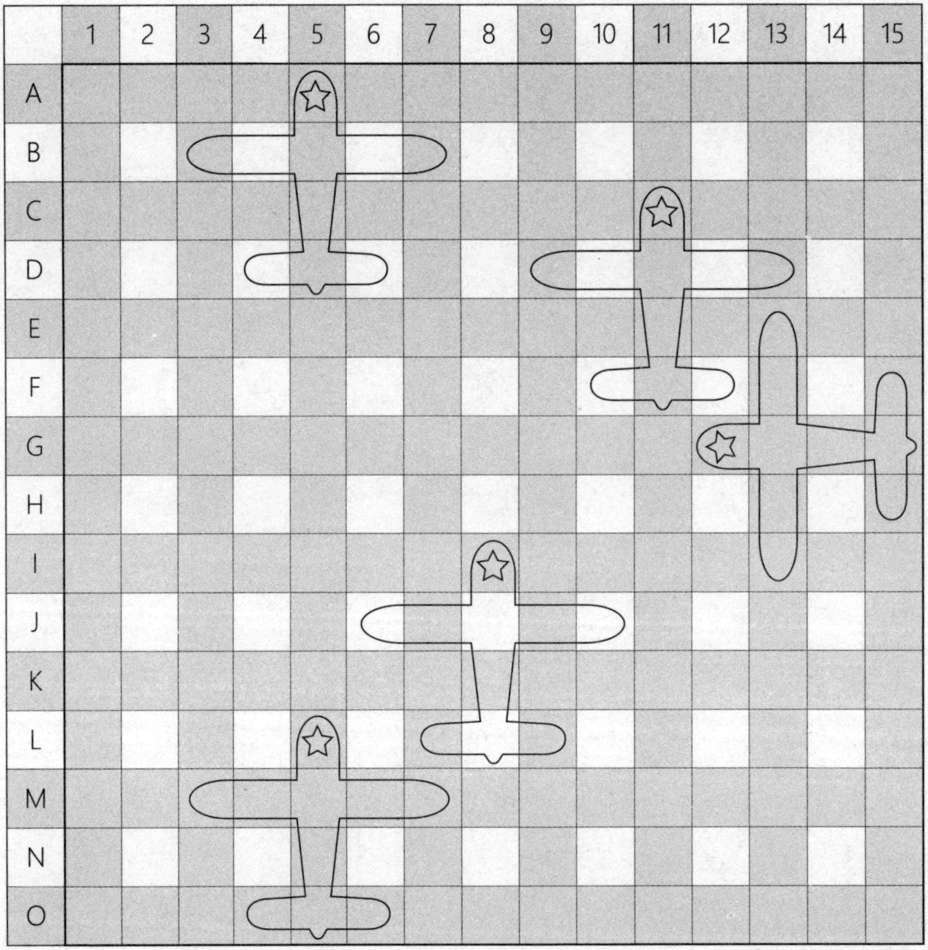

对手： ________　　**战果：** 胜□　负□　　**用时：** ________

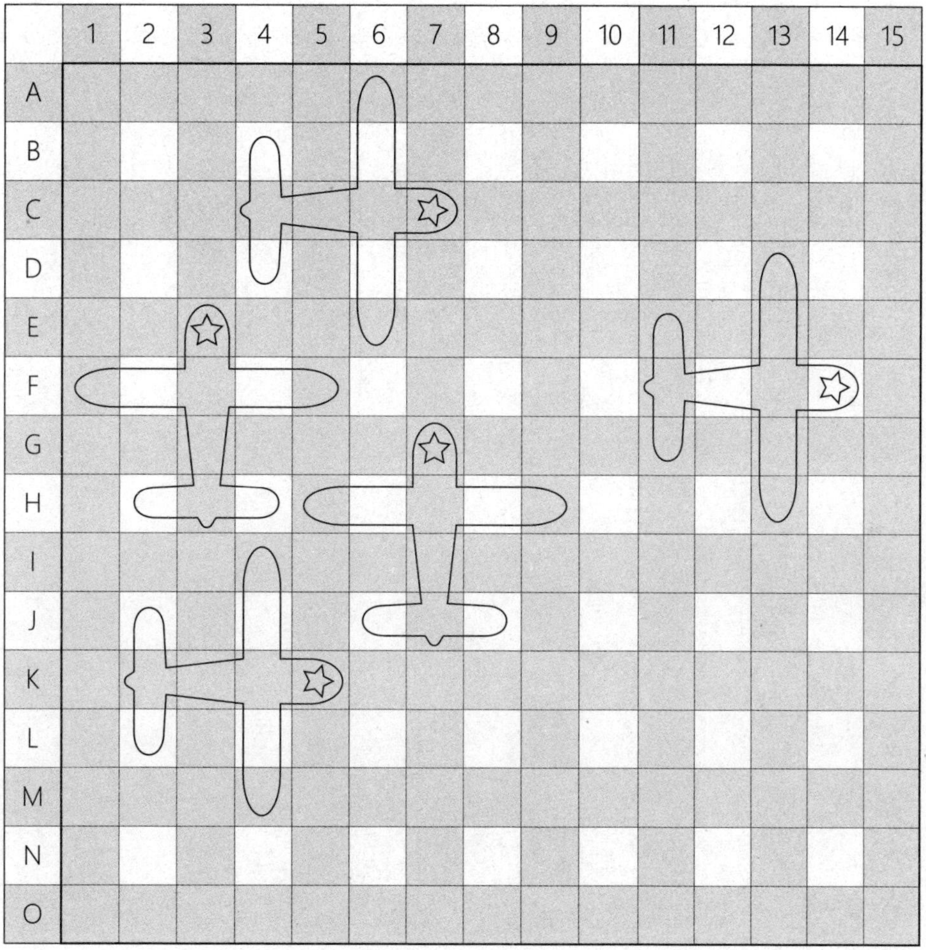

对手：＿＿＿＿＿　　**战果：**胜□　负□　　**用时：**＿＿＿＿＿

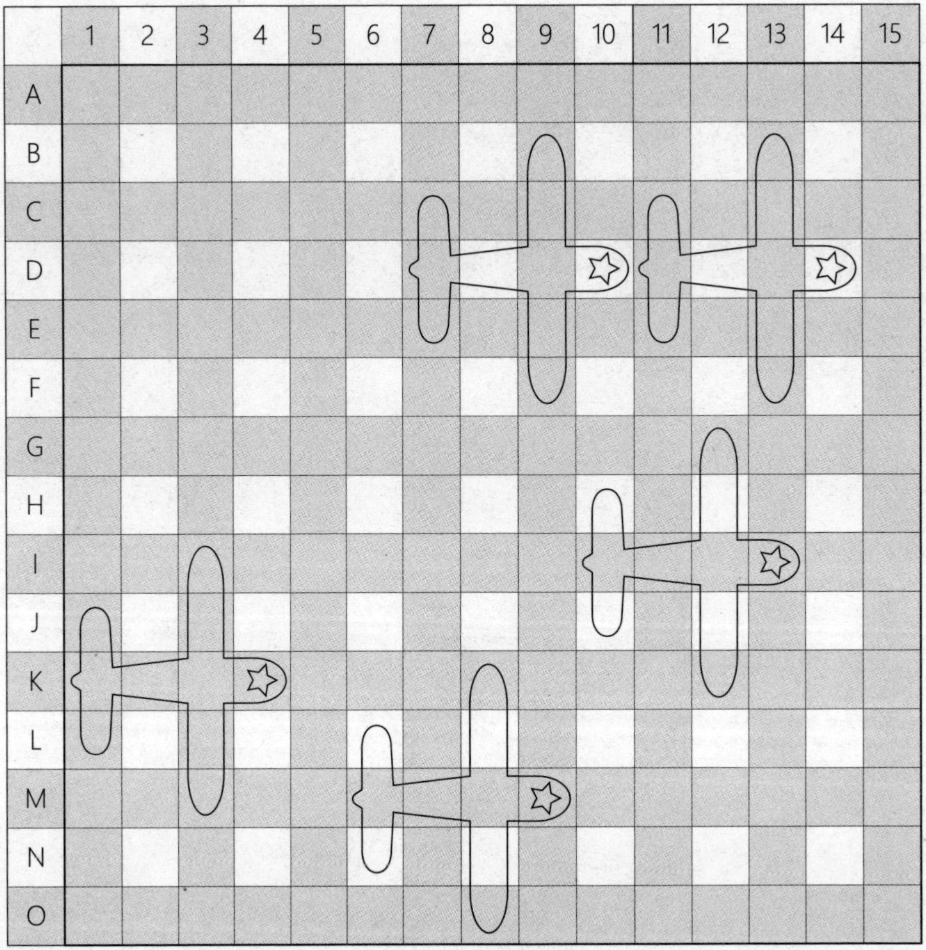

对手：________　　战果：胜□　负□　　用时：________

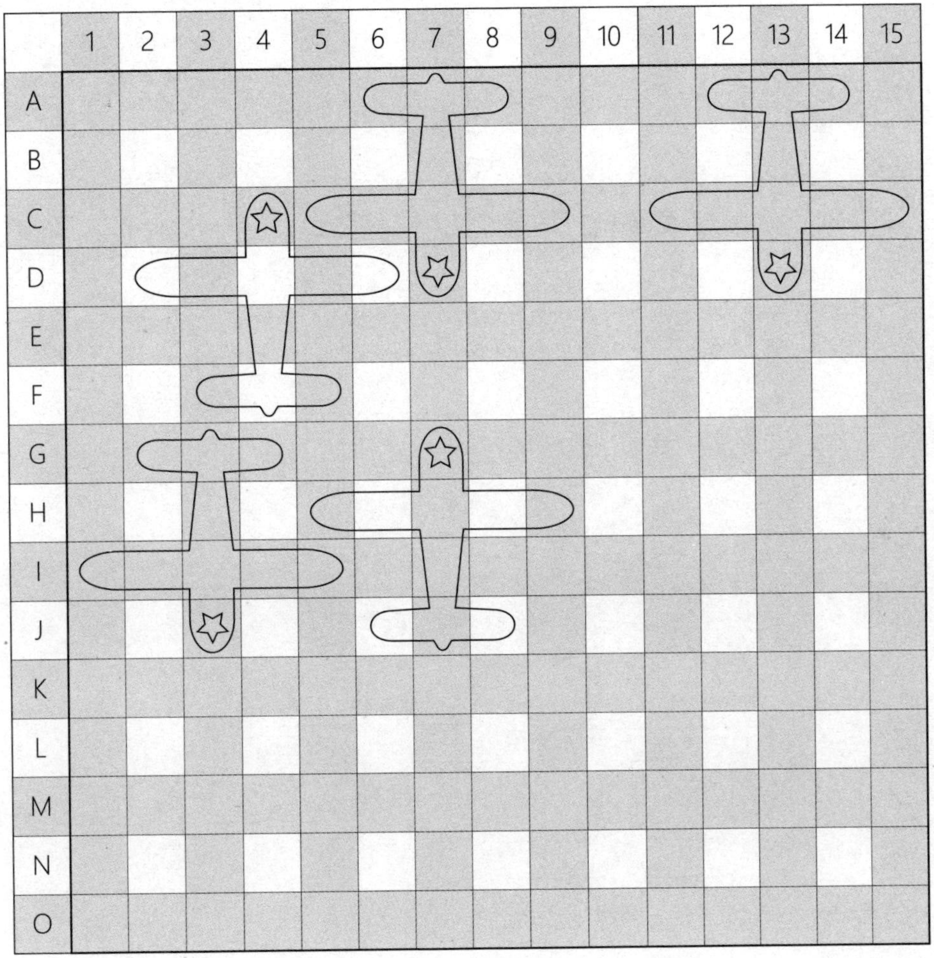

对手：________　　**战果：**胜□　负□　　**用时：**________

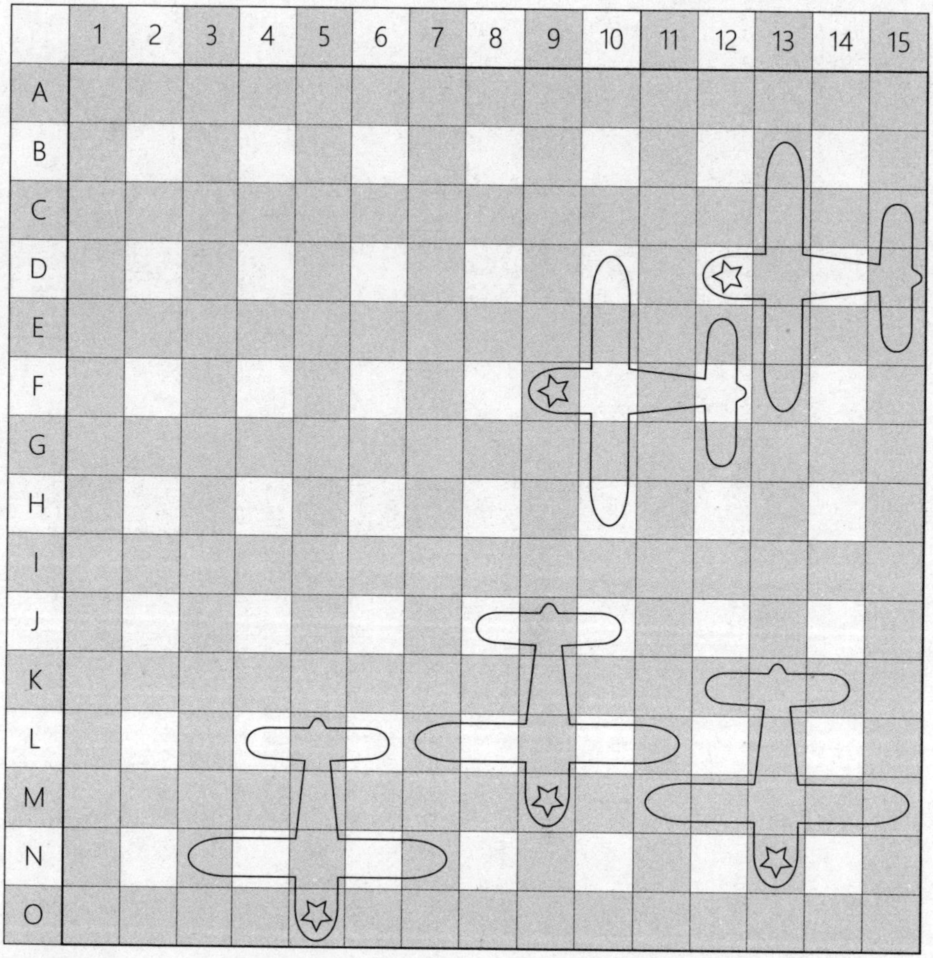

对手： ________　　**战果：** 胜□　负□　　**用时：** ________

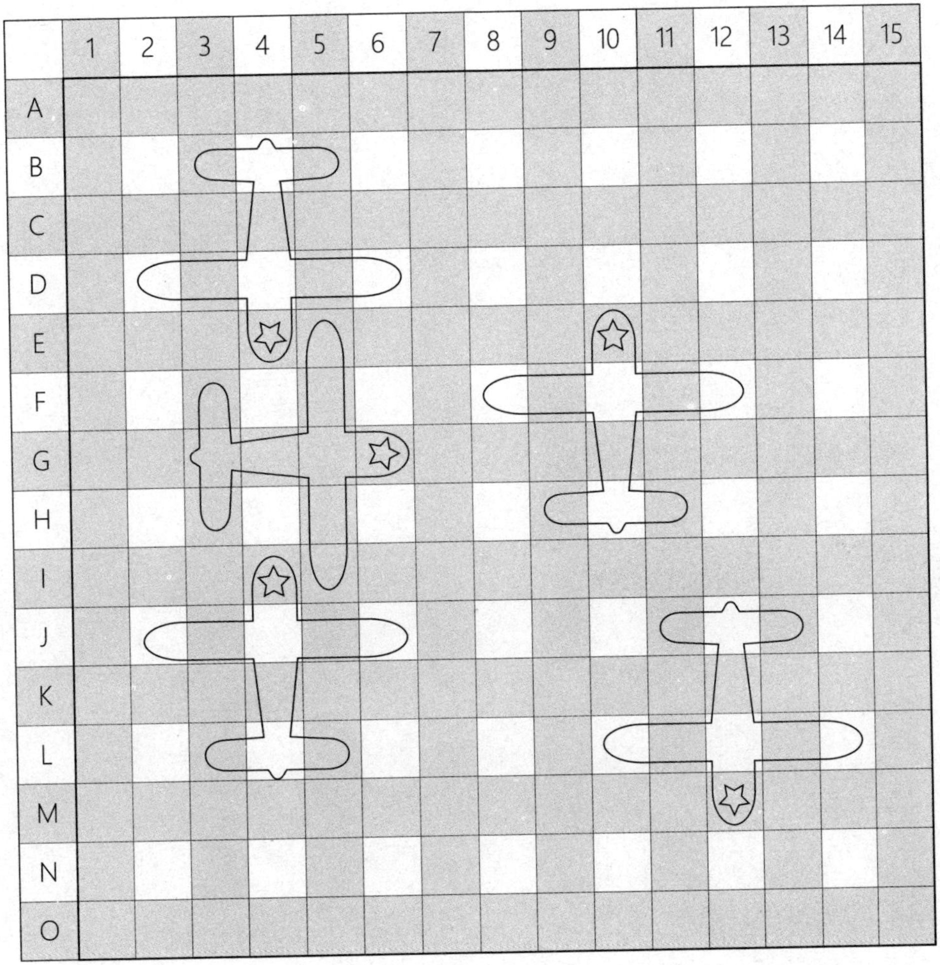

对手：__________ **战果：**胜□ 负□ **用时：**__________

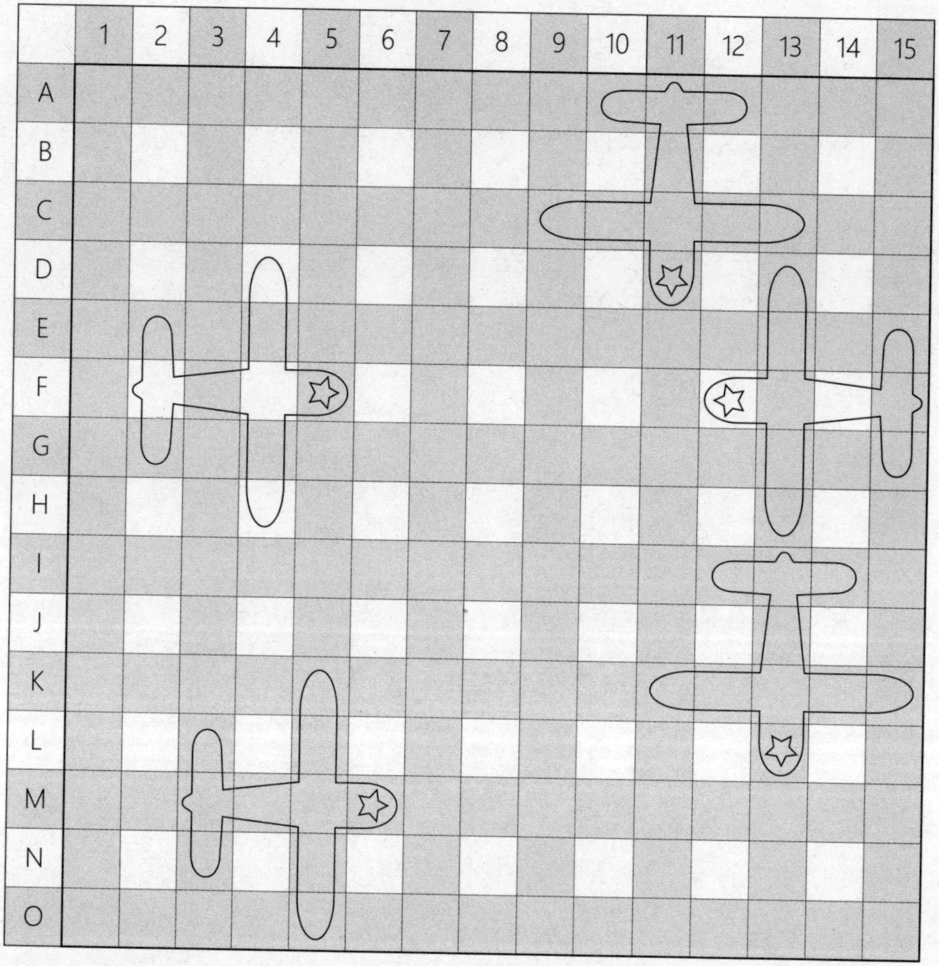

高级战区

难度：★★★★★

本区均为20×20格表格，战机7架，难度很高，适合高级玩家进行对战。

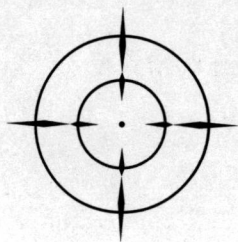

对手：________　　**战果：**胜□　负□　　**用时：**________

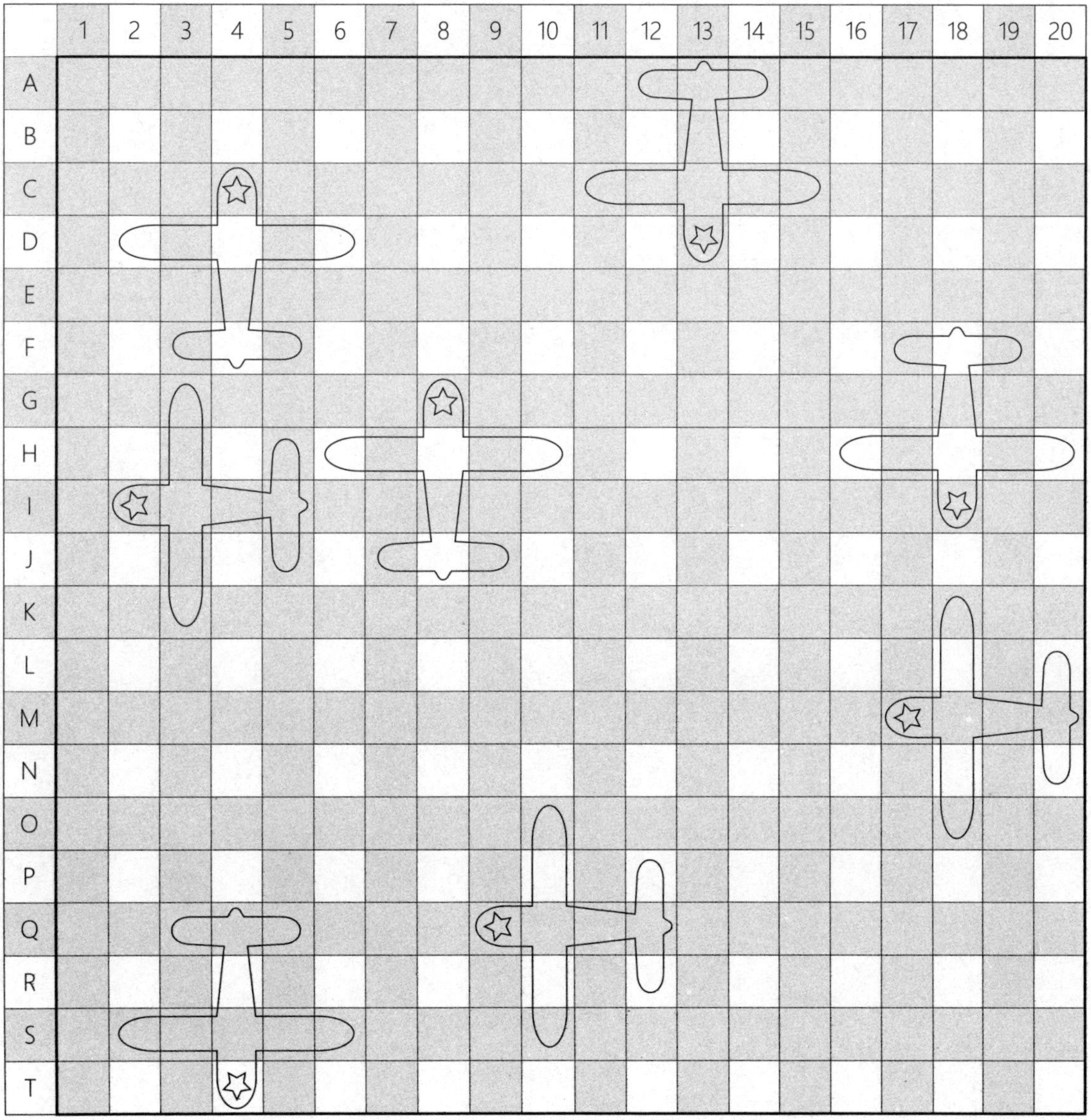
1 2 3 4 5 6 7 8 9 10 11 12 13 14 15 16 17 18 19 20
A
B
C
D
E
F
G
H
I
J
K
L
M
N
O
P
Q
R
S
T

对手：________　　**战果：**胜□　负□　　**用时：**________

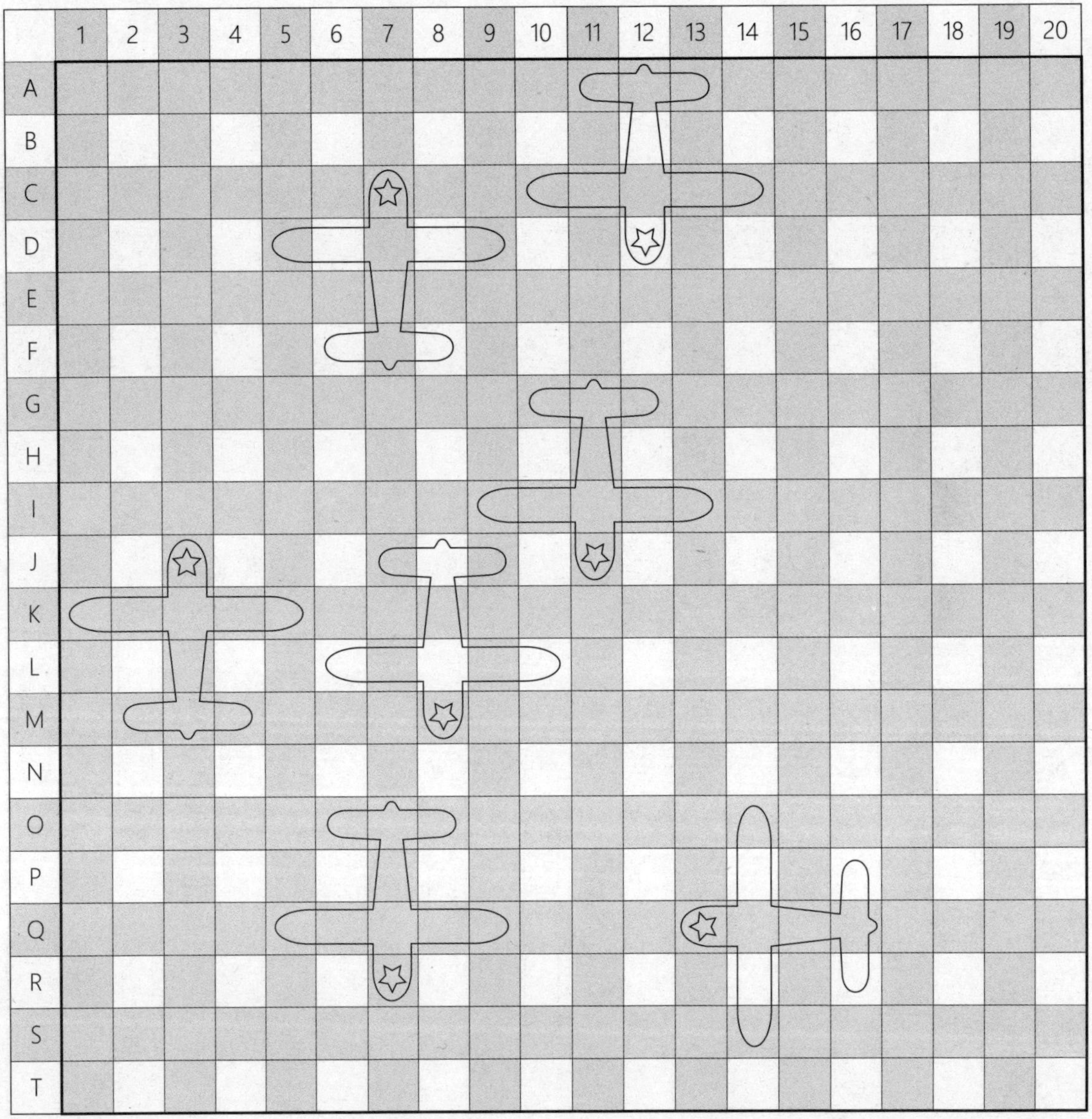
1 2 3 4 5 6 7 8 9 10 11 12 13 14 15 16 17 18 19 20
A B C D E F G H I J K L M N O P Q R S T

对手：＿＿＿＿＿＿　　**战果：**胜□　负□　　**用时：**＿＿＿＿＿＿

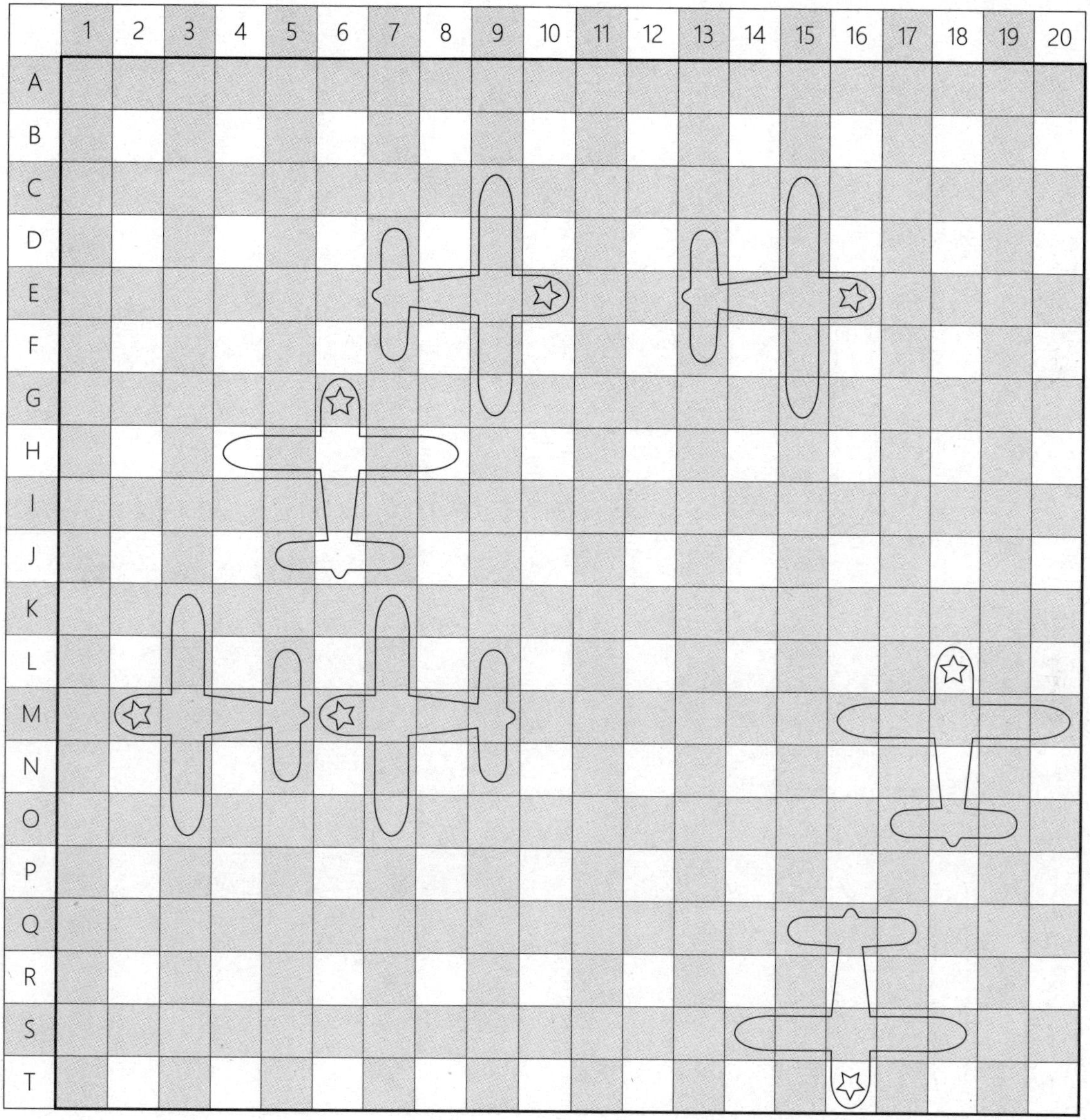
1 2 3 4 5 6 7 8 9 10 11 12 13 14 15 16 17 18 19 20
A B C D E F G H I J K L M N O P Q R S T

对手：________　　战果：胜□　负□　　用时：________

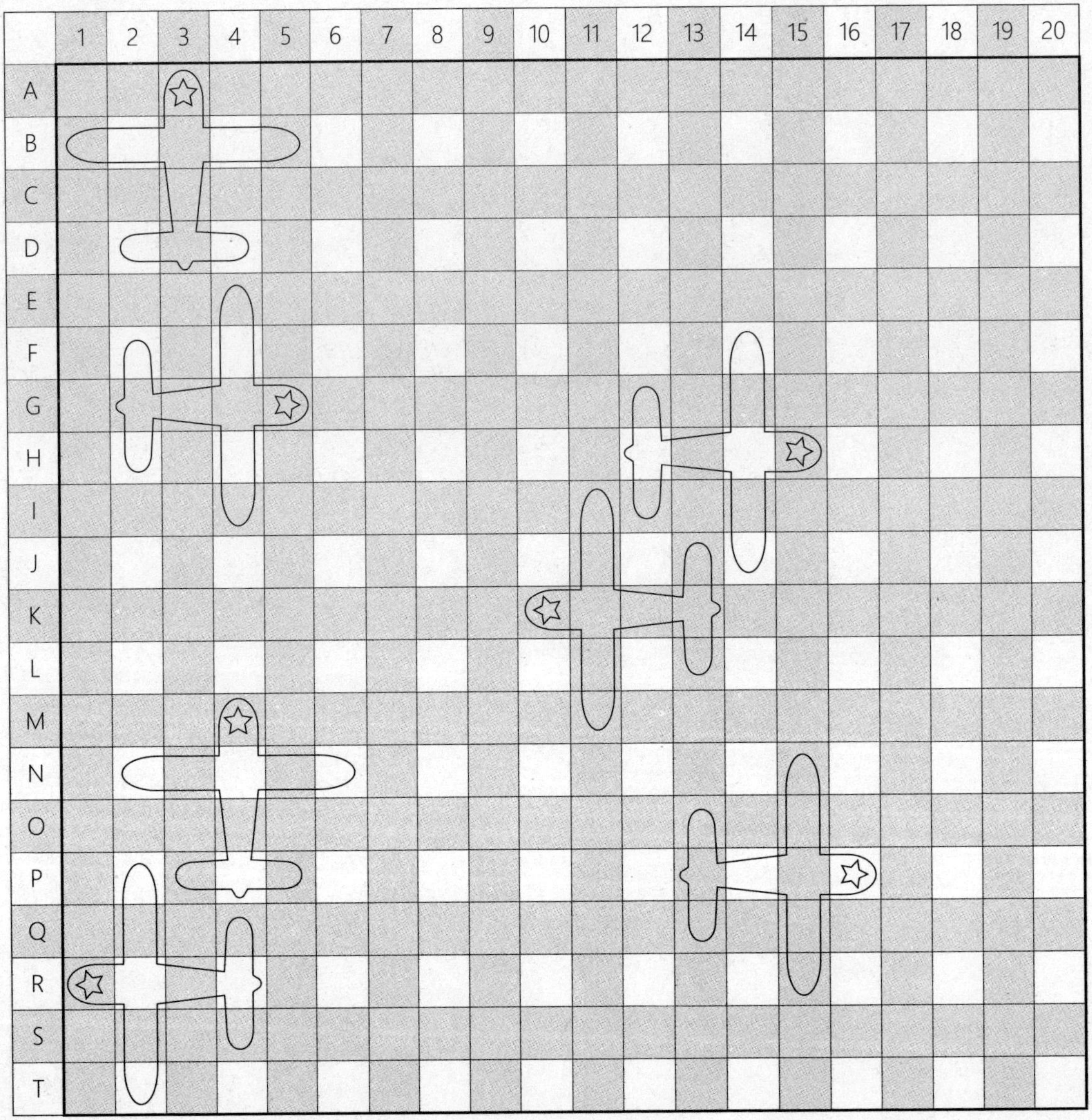
1 2 3 4 5 6 7 8 9 10 11 12 13 14 15 16 17 18 19 20
A B C D E F G H I J K L M N O P Q R S T

对手：________ **战果：**胜□ 负□ **用时：**________

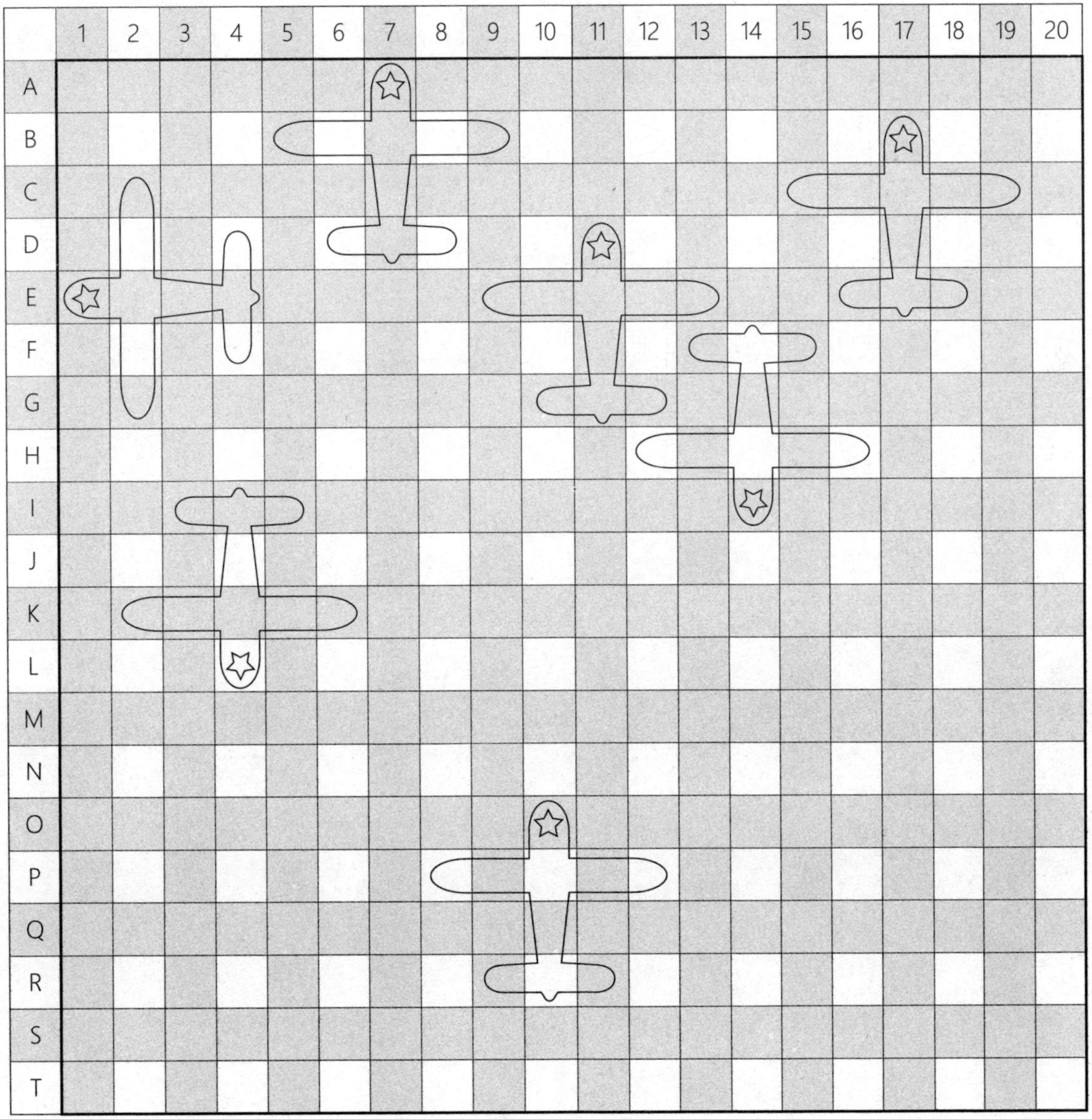
1 2 3 4 5 6 7 8 9 10 11 12 13 14 15 16 17 18 19 20
A B C D E F G H I J K L M N O P Q R S T

对手：__________ **战果：**胜□ 负□ **用时：**__________

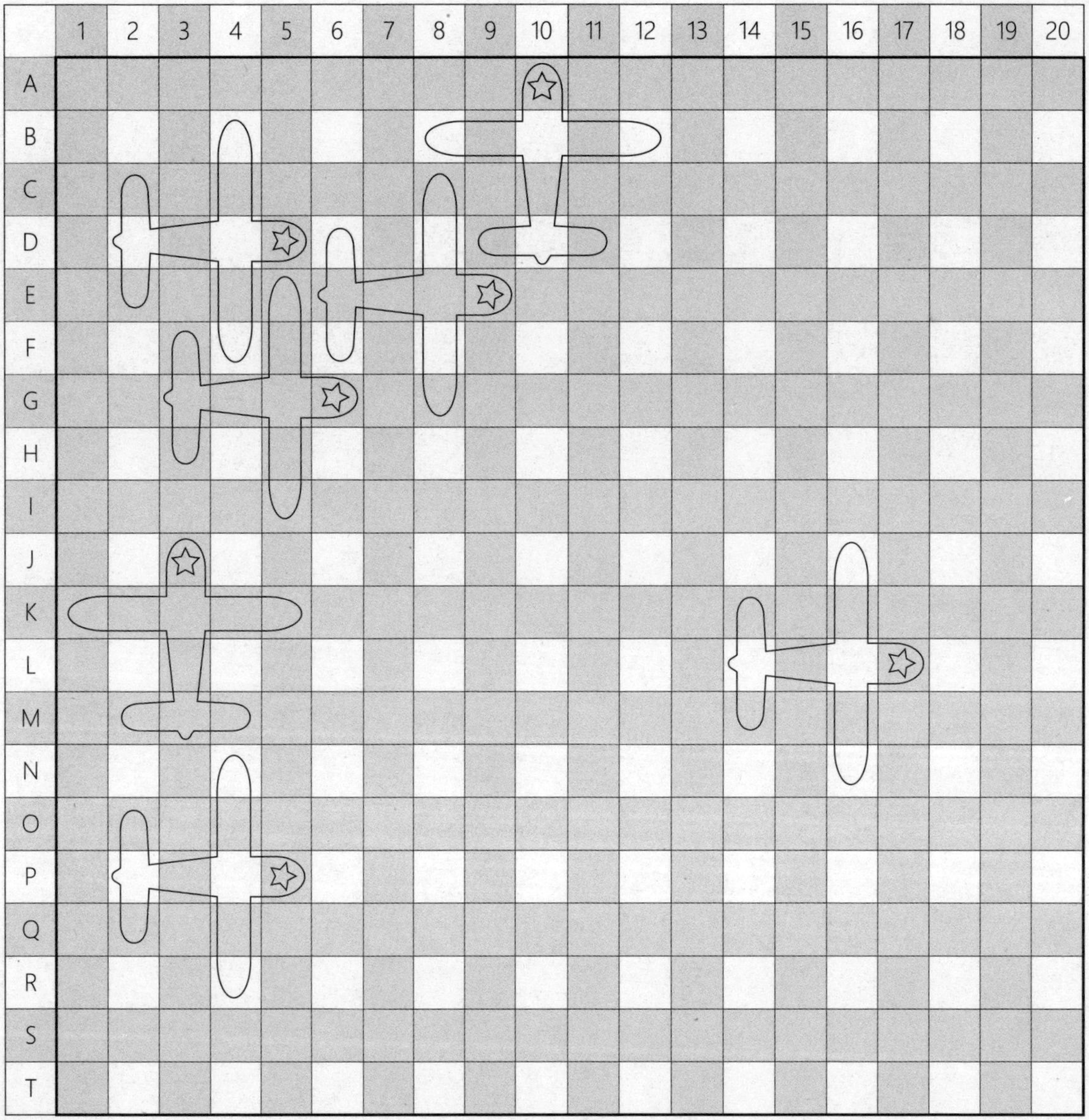
1 2 3 4 5 6 7 8 9 10 11 12 13 14 15 16 17 18 19 20
A B C D E F G H I J K L M N O P Q R S T

对手：________　　战果：胜□　负□　　用时：________

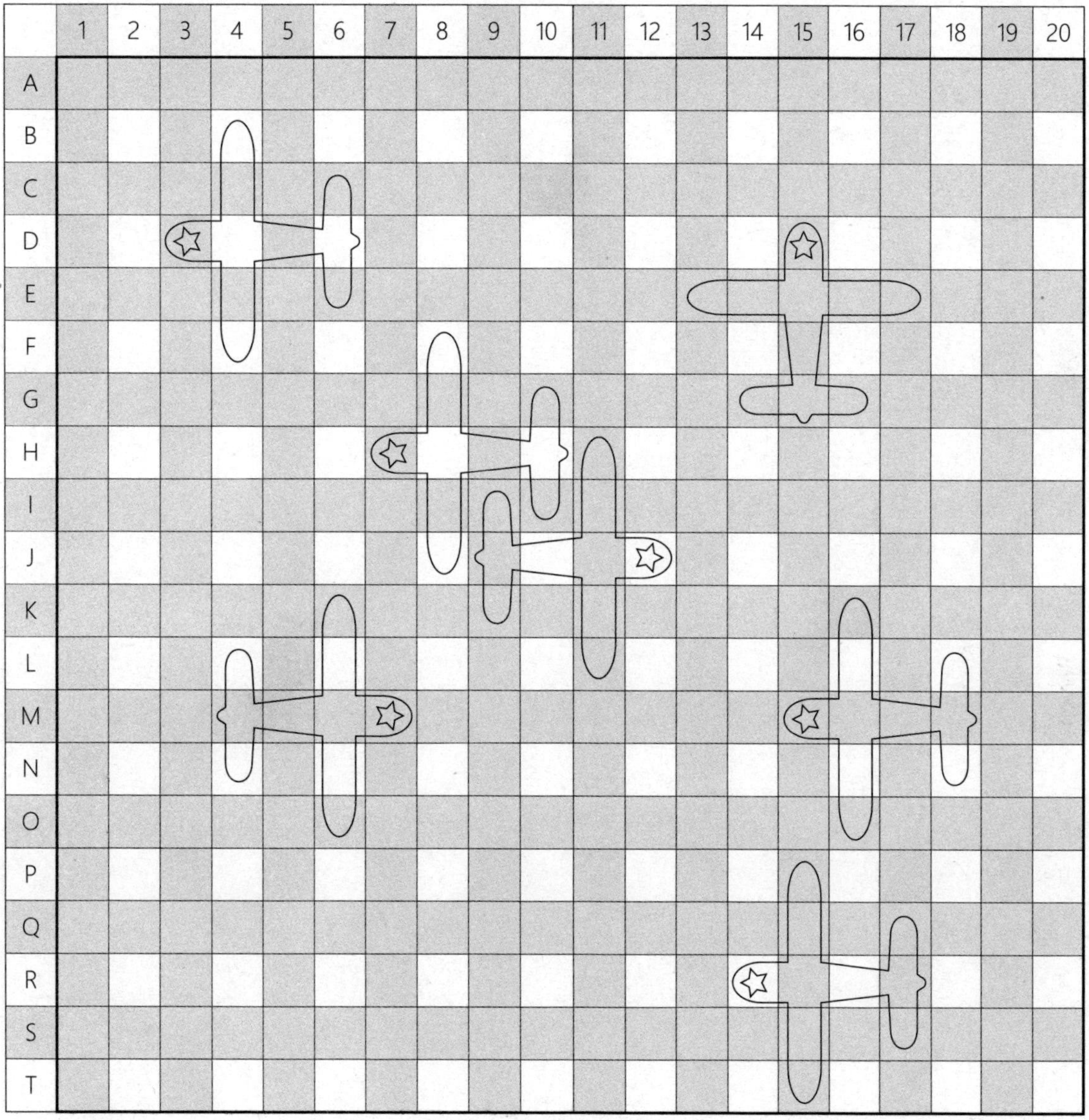
1
2
3
4
5
6
7
8
9
10
11
12
13
14
15
16
17
18
19
20
A
B
C
D
E
F
G
H
I
J
K
L
M
N
O
P
Q
R
S
T

对手：__________ **战果：**胜□ 负□ **用时：**__________

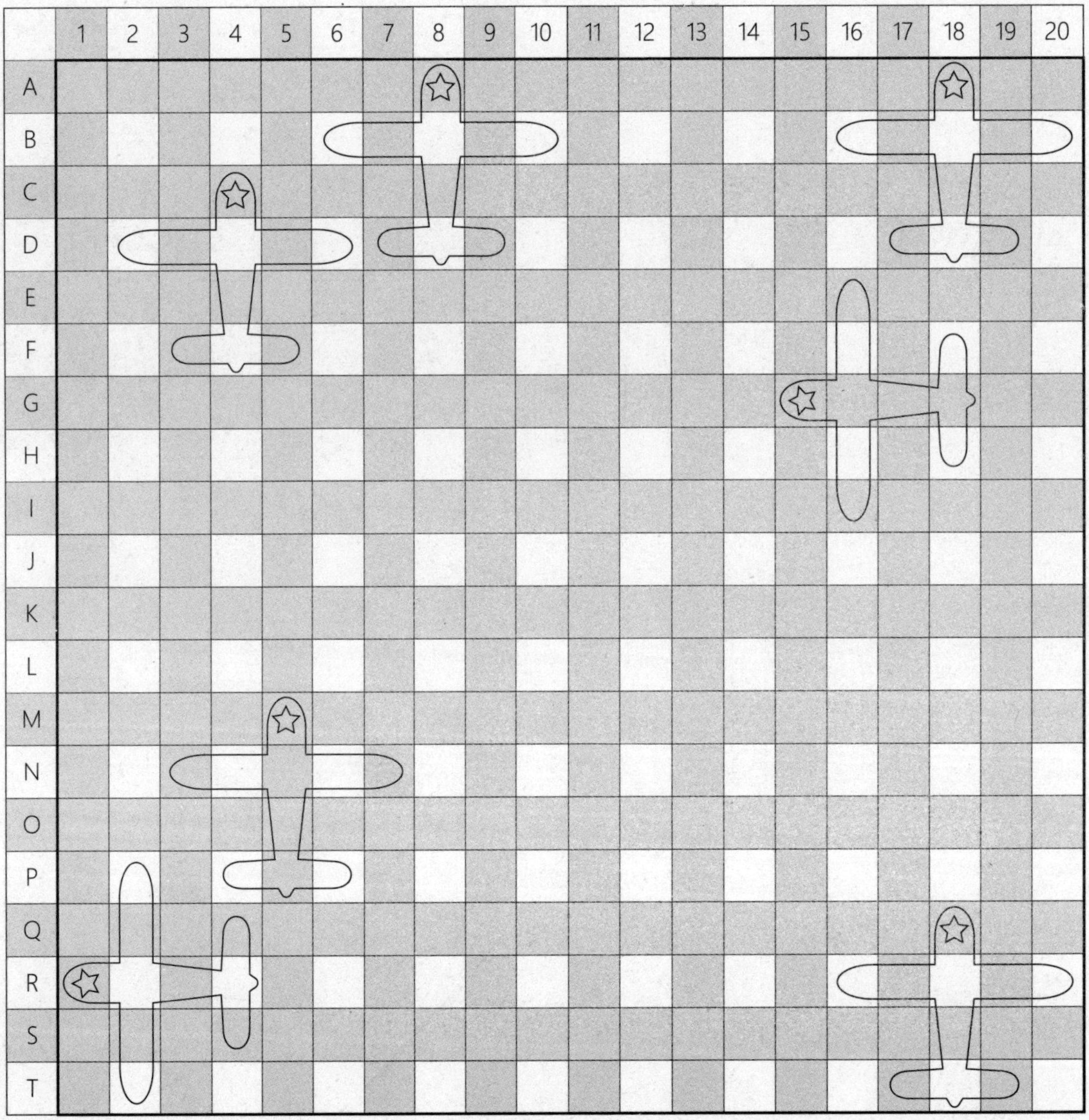
1 2 3 4 5 6 7 8 9 10 11 12 13 14 15 16 17 18 19 20
A B C D E F G H I J K L M N O P Q R S T

对手：________　　战果：胜□　负□　　用时：________

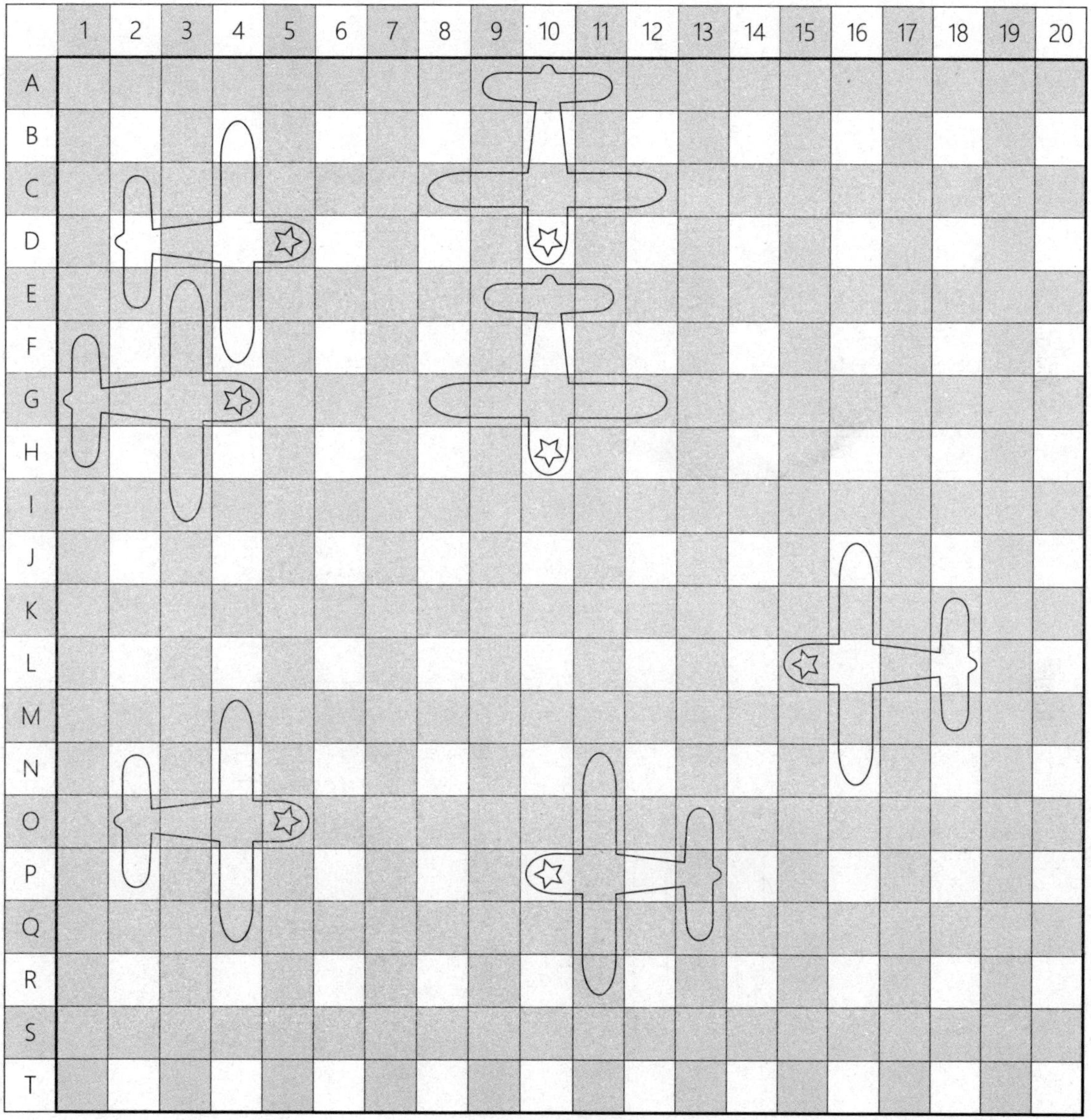
1
2
3
4
5
6
7
8
9
10
11
12
13
14
15
16
17
18
19
20
A
B
C
D
E
F
G
H
I
J
K
L
M
N
O
P
Q
R
S
T

对手：________　　战果：胜□　负□　　用时：________

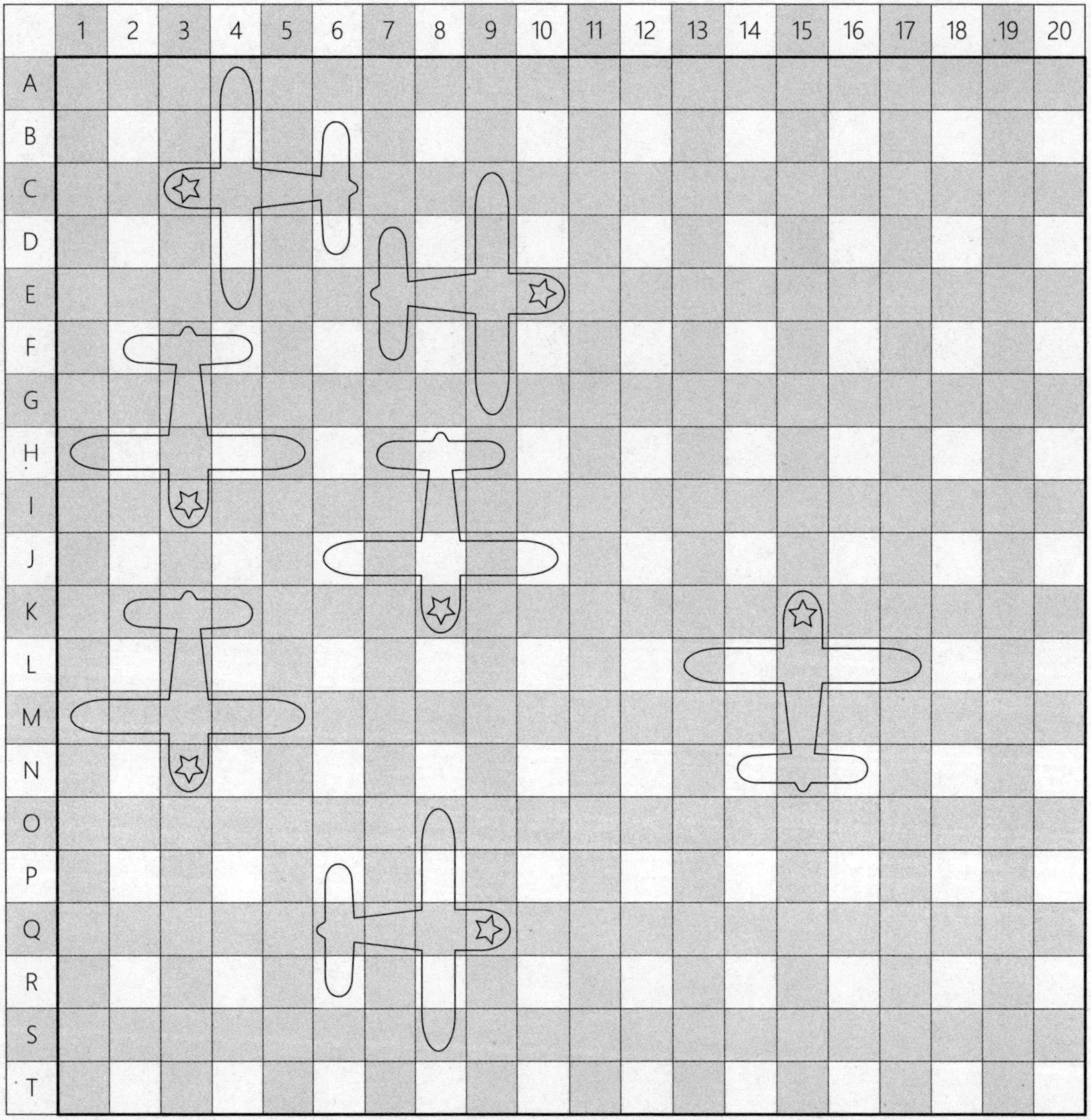
1 2 3 4 5 6 7 8 9 10 11 12 13 14 15 16 17 18 19 20
A
B
C
D
E
F
G
H
I
J
K
L
M
N
O
P
Q
R
S
T

对手： ________　　**战果：** 胜□　负□　　**用时：** ________

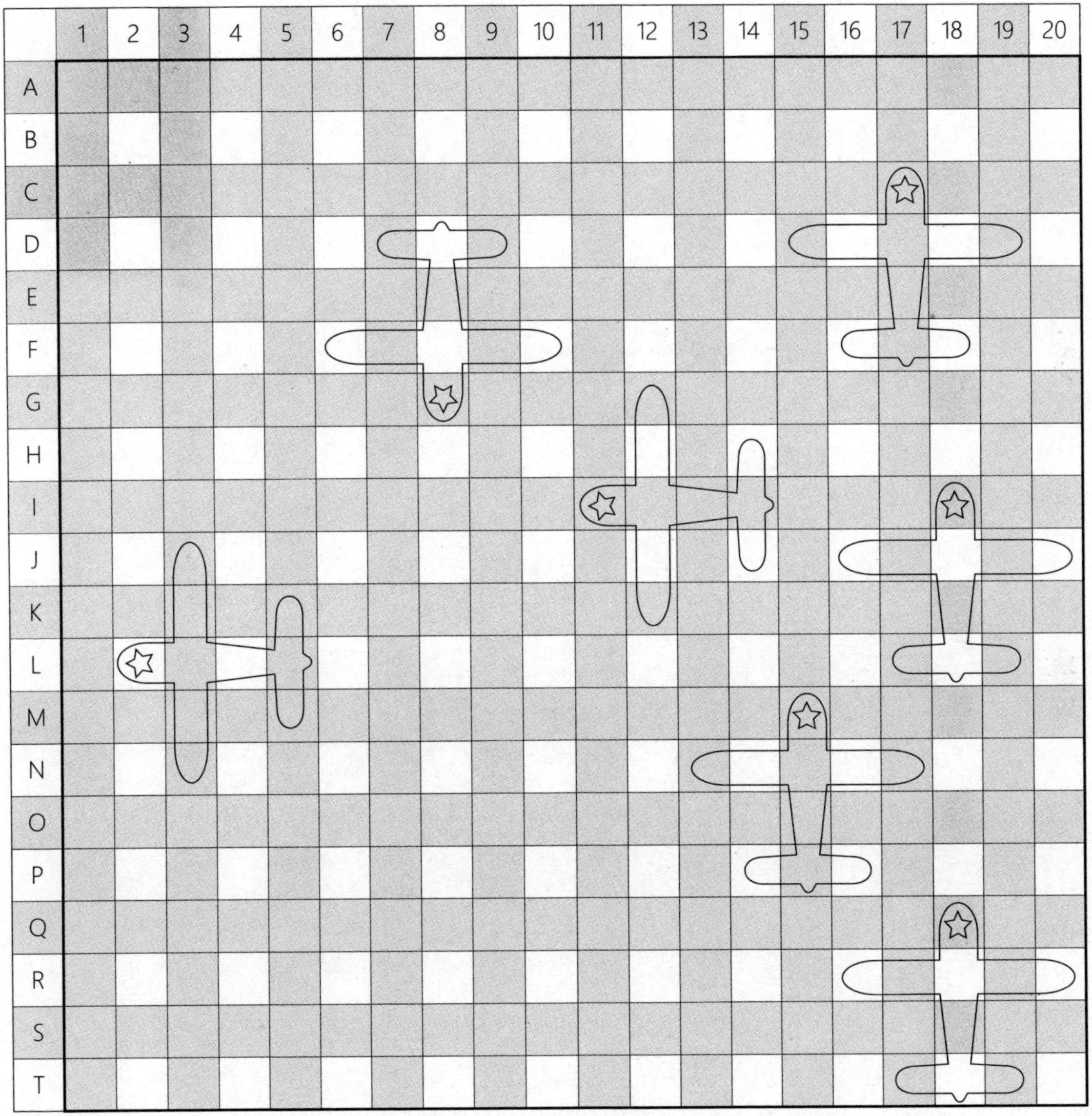
1
2
3
4
5
6
7
8
9
10
11
12
13
14
15
16
17
18
19
20
A
B
C
D
E
F
G
H
I
J
K
L
M
N
O
P
Q
R
S
T

对手：________　　战果：胜□　负□　　用时：________

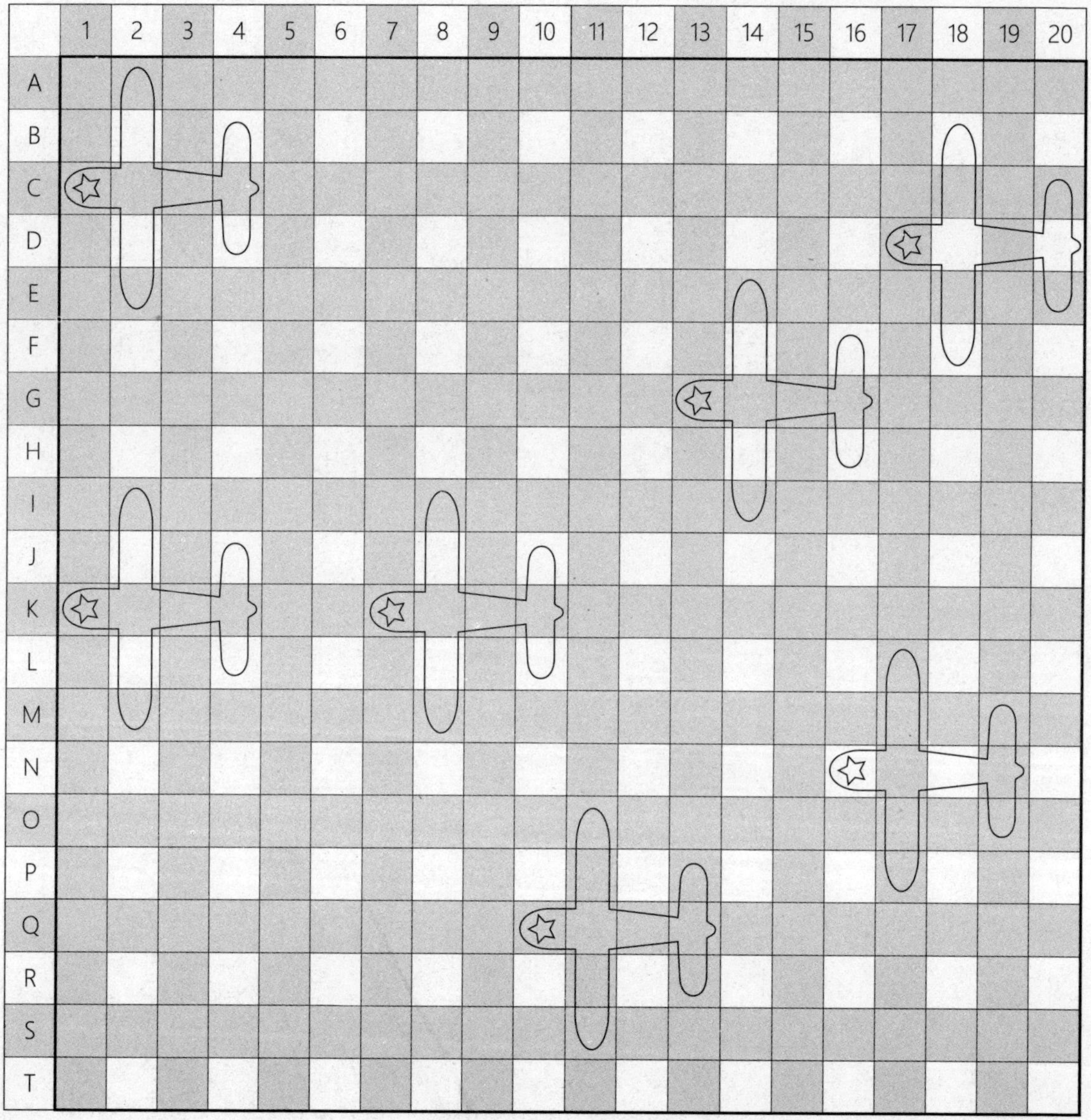
1 2 3 4 5 6 7 8 9 10 11 12 13 14 15 16 17 18 19 20
A B C D E F G H I J K L M N O P Q R S T

对手：＿＿＿＿＿　　**战果：**胜□　负□　　**用时：**＿＿＿＿＿

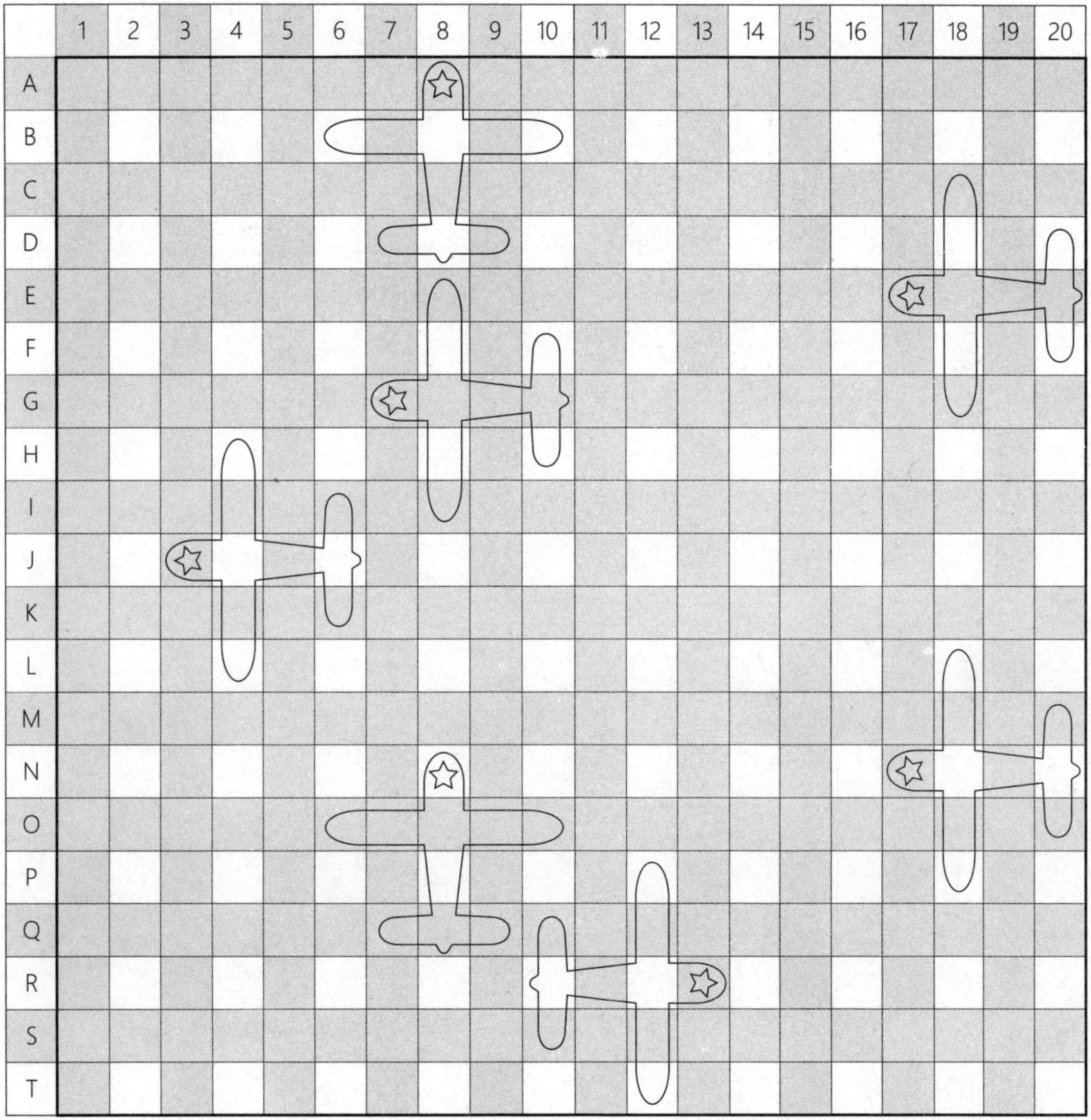
1 2 3 4 5 6 7 8 9 10 11 12 13 14 15 16 17 18 19 20
A B C D E F G H I J K L M N O P Q R S T

对手：________　　**战果：**胜□　负□　　**用时：**________

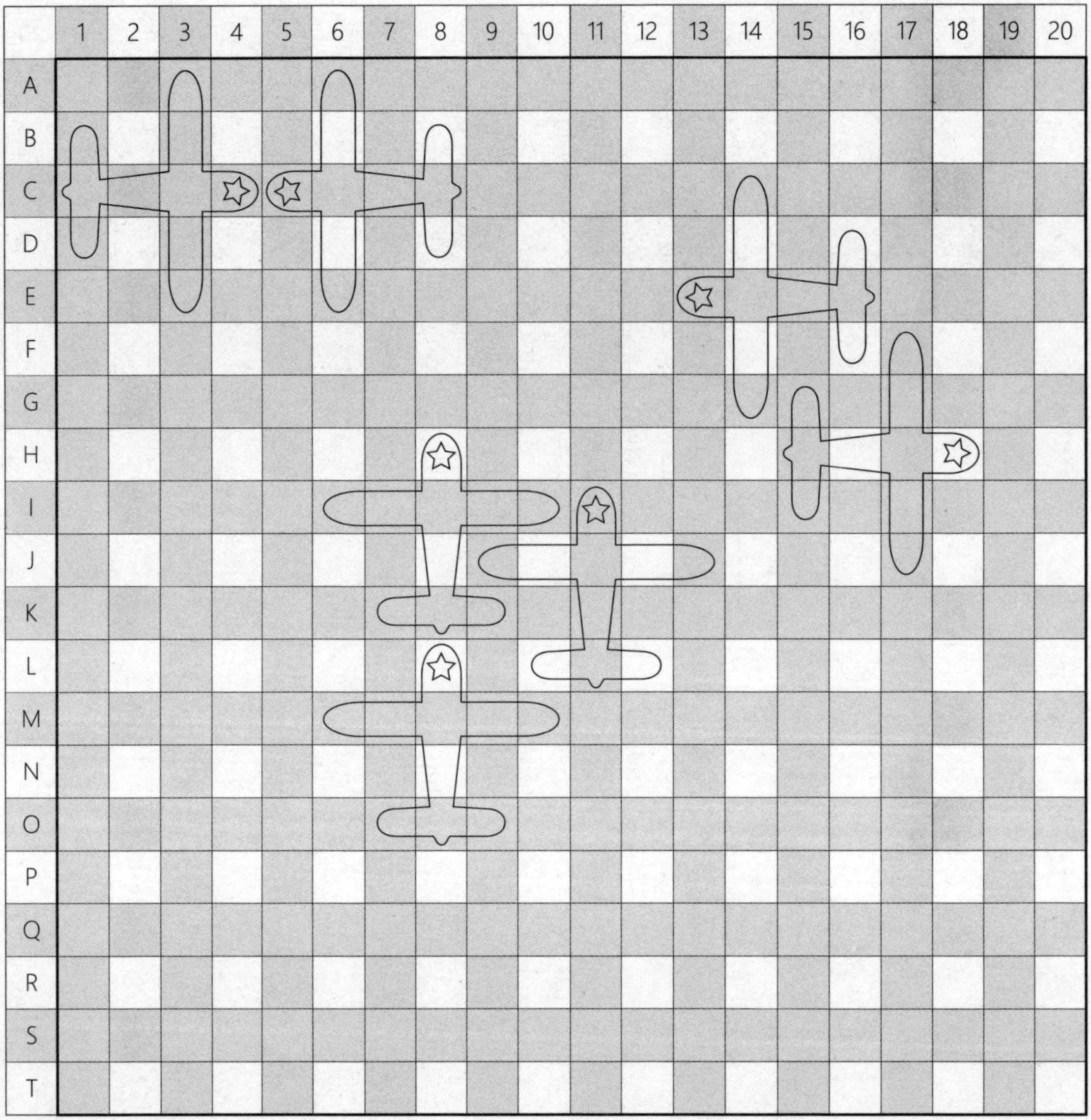
1
2
3
4
5
6
7
8
9
10
11
12
13
14
15
16
17
18
19
20
A
B
C
D
E
F
G
H
I
J
K
L
M
N
O
P
Q
R
S
T

对手：________ 战果：胜□ 负□ 用时：________

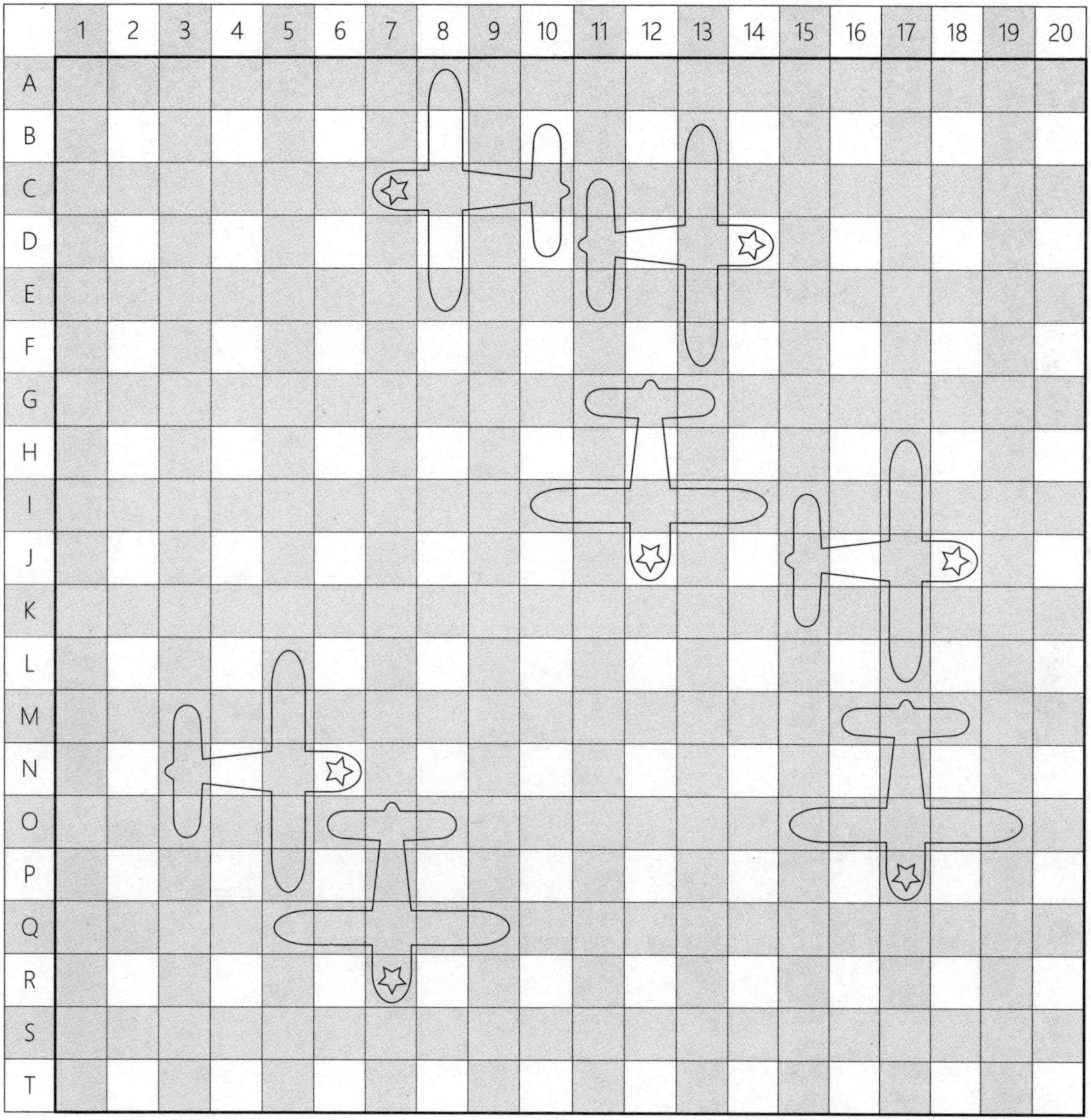
1 2 3 4 5 6 7 8 9 10 11 12 13 14 15 16 17 18 19 20
A B C D E F G H I J K L M N O P Q R S T

对手： ________　　　**战果：** 胜□　负□　　　**用时：** ________

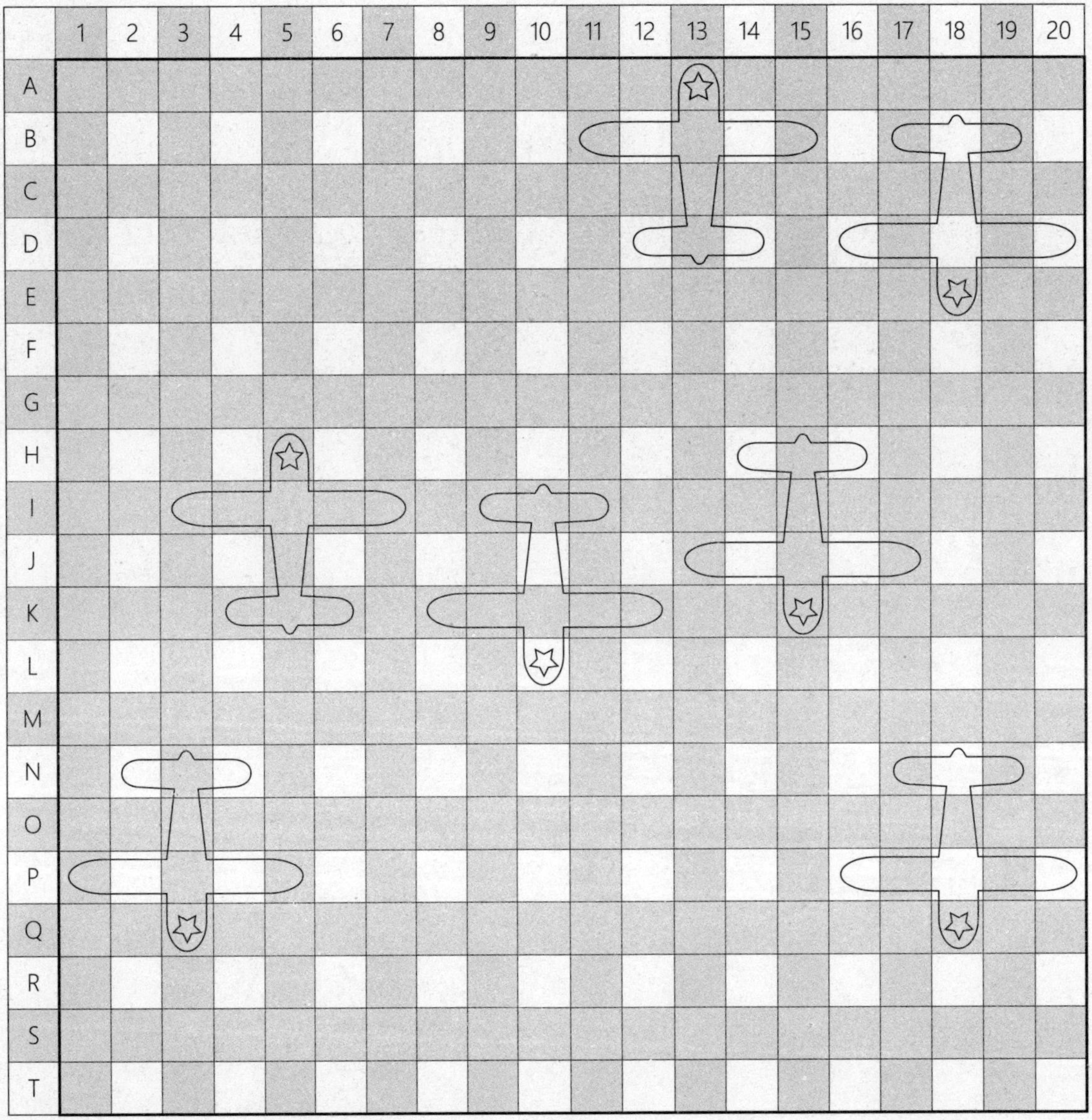
1 2 3 4 5 6 7 8 9 10 11 12 13 14 15 16 17 18 19 20
A B C D E F G H I J K L M N O P Q R S T

对手：__________　　**战果：**胜□　负□　　**用时：**__________

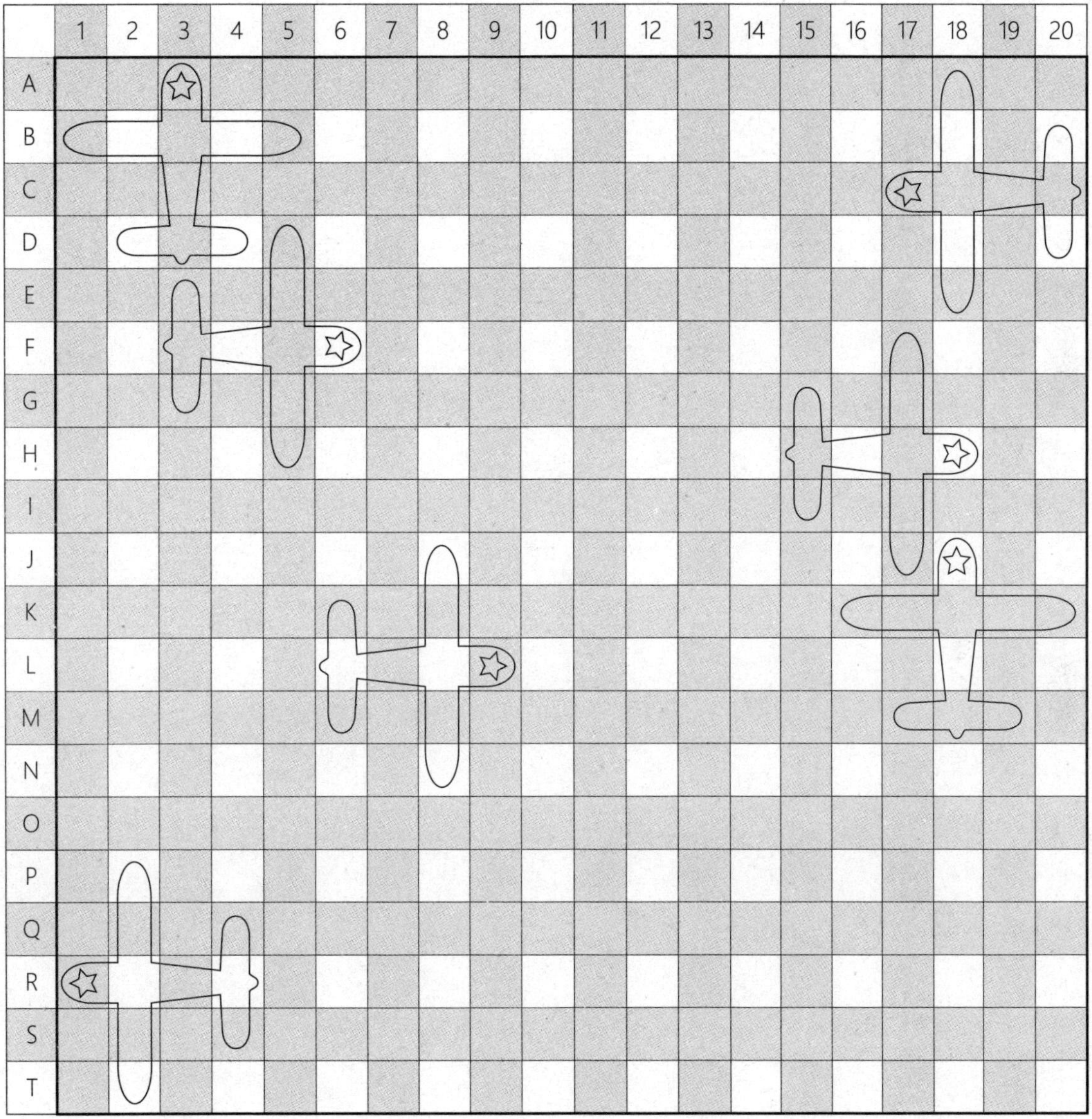
1 2 3 4 5 6 7 8 9 10 11 12 13 14 15 16 17 18 19 20
A B C D E F G H I J K L M N O P Q R S T

对手：________ 战果：胜□ 负□ 用时：________

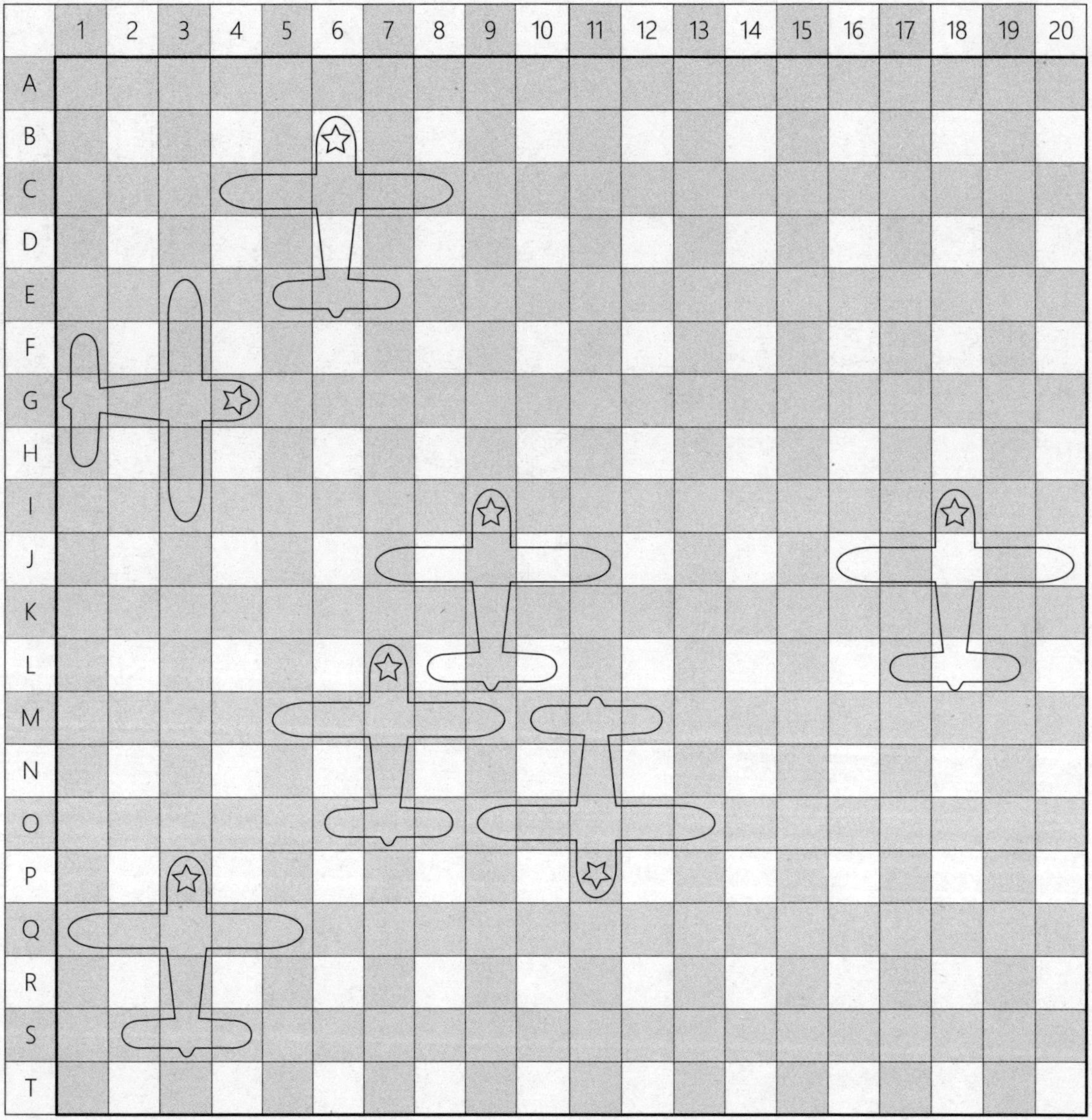

对手：________ 战果：胜□ 负□ 用时：________

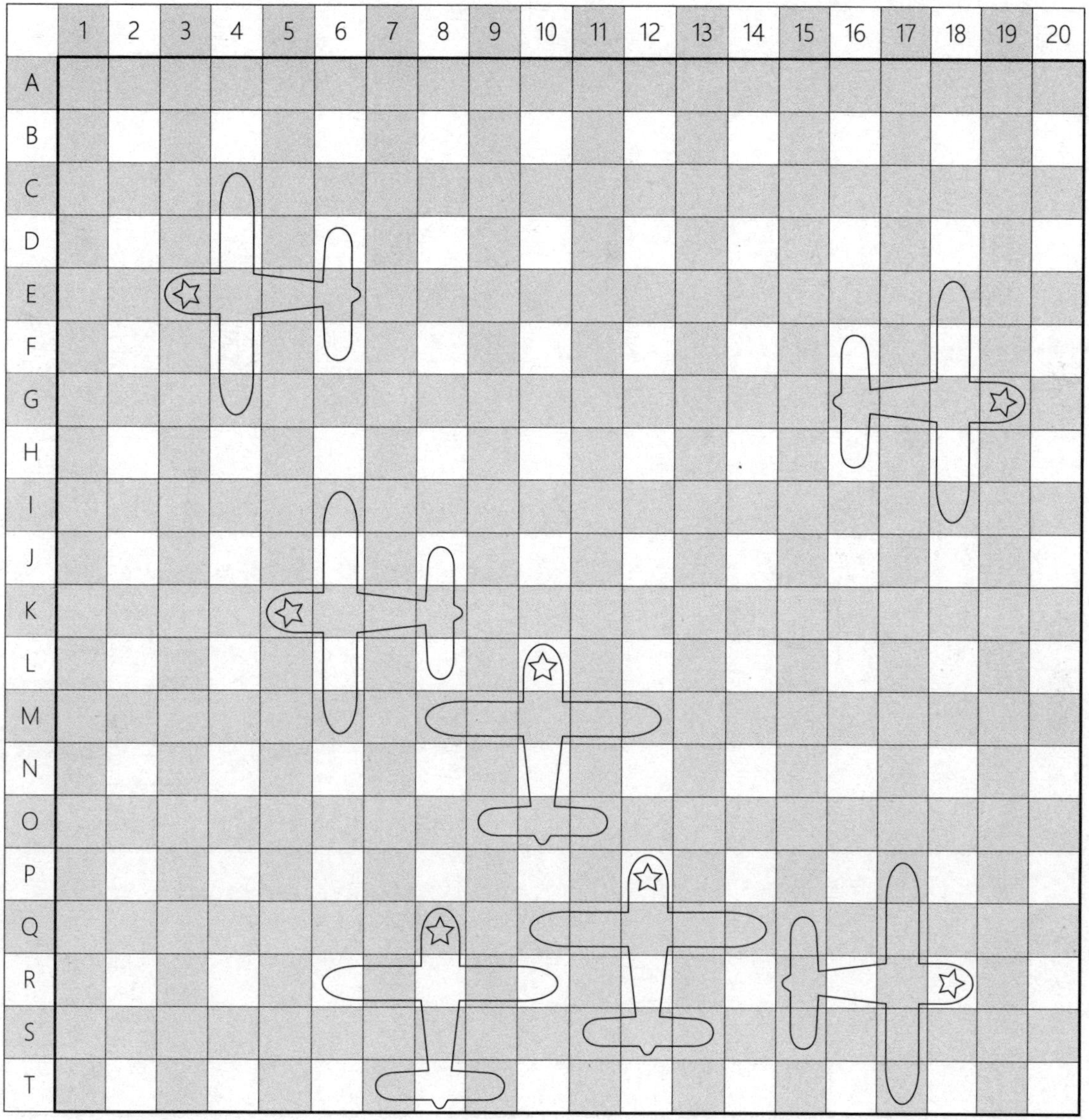
1 2 3 4 5 6 7 8 9 10 11 12 13 14 15 16 17 18 19 20
A B C D E F G H I J K L M N O P Q R S T

对手：________　　战果：胜□　负□　　用时：________

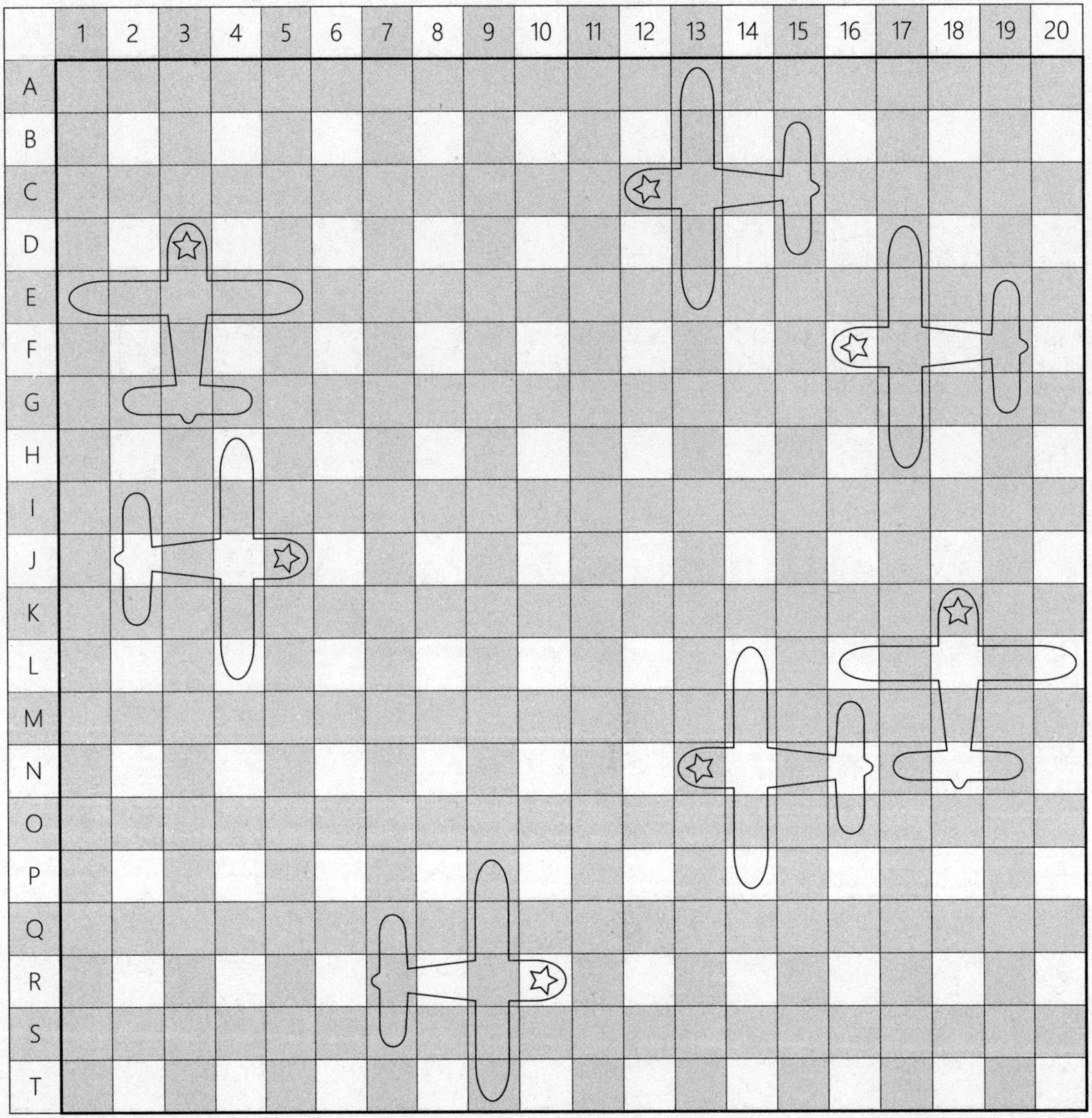

1 2 3 4 5 6 7 8 9 10 11 12 13 14 15 16 17 18 19 20
A B C D E F G H I J K L M N O P Q R S T

自定义战区

难度：完全由玩家自己掌控

本区未放置任何战机，玩家可按照自己的想法各自在表格区域绘制一定数量的战机，然后进行对战。

对手： ________　　**战果：** 胜□　负□　　**用时：** ________

	1	2	3	4	5	6	7	8	9	10
A										
B										
C										
D										
E										
F										
G										
H										
I										
J										

对手：________　　**战果：**胜□　负□　　**用时：**________

	1	2	3	4	5	6	7	8	9	10
A										
B										
C										
D										
E										
F										
G										
H										
I										
J										

对手： ________　　**战果：** 胜□　负□　　**用时：** ________

	1	2	3	4	5	6	7	8	9	10
A										
B										
C										
D										
E										
F										
G										
H										
I										
J										

对手：________　　**战果：**胜□　负□　　**用时：**________

	1	2	3	4	5	6	7	8	9	10
A										
B										
C										
D										
E										
F										
G										
H										
I										
J										

对手：__________ **战果：**胜□ 负□ **用时：**__________

	1	2	3	4	5	6	7	8	9	10
A										
B										
C										
D										
E										
F										
G										
H										
I										
J										

对手：________　　**战果：** 胜□　负□　　**用时：**________

	1	2	3	4	5	6	7	8	9	10
A										
B										
C										
D										
E										
F										
G										
H										
I										
J										

对手： ________　　**战果：** 胜□　负□　　**用时：** ________

	1	2	3	4	5	6	7	8	9	10	11	12	13	14	15
A															
B															
C															
D															
E															
F															
G															
H															
I															
J															
K															
L															
M															
N															
O															

对手：＿＿＿＿＿　　**战果：**胜□　负□　　**用时：**＿＿＿＿＿

	1	2	3	4	5	6	7	8	9	10	11	12	13	14	15
A															
B															
C															
D															
E															
F															
G															
H															
I															
J															
K															
L															
M															
N															
O															

对手：__________　　**战果：**胜□　负□　　**用时：**__________

	1	2	3	4	5	6	7	8	9	10	11	12	13	14	15
A															
B															
C															
D															
E															
F															
G															
H															
I															
J															
K															
L															
M															
N															
O															

对手：________　　**战果：**胜□　负□　　**用时：**________

	1	2	3	4	5	6	7	8	9	10	11	12	13	14	15
A															
B															
C															
D															
E															
F															
G															
H															
I															
J															
K															
L															
M															
N															
O															

对手： ________　　　**战果：** 胜□　负□　　　**用时：** ________

	1	2	3	4	5	6	7	8	9	10	11	12	13	14	15
A															
B															
C															
D															
E															
F															
G															
H															
I															
J															
K															
L															
M															
N															
O															

对手：________ **战果：**胜□ 负□ **用时：**________

	1	2	3	4	5	6	7	8	9	10	11	12	13	14	15
A															
B															
C															
D															
E															
F															
G															
H															
I															
J															
K															
L															
M															
N															
O															

对手：__________ **战果：**胜□ 负□ **用时：**__________

	1	2	3	4	5	6	7	8	9	10	11	12	13	14	15	16	17	18	19	20
A																				
B																				
C																				
D																				
E																				
F																				
G																				
H																				
I																				
J																				
K																				
L																				
M																				
N																				
O																				
P																				
Q																				
R																				
S																				
T																				

对手：__________ **战果：**胜□ 负□ **用时：**__________

	1	2	3	4	5	6	7	8	9	10	11	12	13	14	15	16	17	18	19	20
A																				
B																				
C																				
D																				
E																				
F																				
G																				
H																				
I																				
J																				
K																				
L																				
M																				
N																				
O																				
P																				
Q																				
R																				
S																				
T																				

对手： ________　　**战果：** 胜□　负□　　**用时：** ________

	1	2	3	4	5	6	7	8	9	10	11	12	13	14	15	16	17	18	19	20
A																				
B																				
C																				
D																				
E																				
F																				
G																				
H																				
I																				
J																				
K																				
L																				
M																				
N																				
O																				
P																				
Q																				
R																				
S																				
T																				

对手：________ **战果：**胜□ 负□ **用时：**________

	1	2	3	4	5	6	7	8	9	10	11	12	13	14	15	16	17	18	19	20
A																				
B																				
C																				
D																				
E																				
F																				
G																				
H																				
I																				
J																				
K																				
L																				
M																				
N																				
O																				
P																				
Q																				
R																				
S																				
T																				

对手：__________　　**战果：**胜□　负□　　**用时：**__________

	1	2	3	4	5	6	7	8	9	10	11	12	13	14	15	16	17	18	19	20
A																				
B																				
C																				
D																				
E																				
F																				
G																				
H																				
I																				
J																				
K																				
L																				
M																				
N																				
O																				
P																				
Q																				
R																				
S																				
T																				

对手：________　　**战果：**胜□　负□　　**用时：**________

	1	2	3	4	5	6	7	8	9	10	11	12	13	14	15	16	17	18	19	20
A																				
B																				
C																				
D																				
E																				
F																				
G																				
H																				
I																				
J																				
K																				
L																				
M																				
N																				
O																				
P																				
Q																				
R																				
S																				
T																				

对手： ________ **战果：** 胜□ 负□ **用时：** ________

	1	2	3	4	5	6	7	8	9	10	11	12	13	14	15	16	17	18	19	20
A																				
B																				
C																				
D																				
E																				
F																				
G																				
H																				
I																				
J																				
K																				
L																				
M																				
N																				
O																				
P																				
Q																				
R																				
S																				
T																				

对手： ________　　**战果：** 胜□　负□　　**用时：** ________

	1	2	3	4	5	6	7	8	9	10	11	12	13	14	15	16	17	18	19	20
A																				
B																				
C																				
D																				
E																				
F																				
G																				
H																				
I																				
J																				
K																				
L																				
M																				
N																				
O																				
P																				
Q																				
R																				
S																				
T																				

打飞机

Ⓑ

张小默 / 著

黑龙江科学技术出版社

图书在版编目（CIP）数据

打飞机：全2册 / 张小默著. -- 哈尔滨：黑龙江科学技术出版社, 2016.10
ISBN 978-7-5388-8935-2

Ⅰ.①打…　Ⅱ.①张…　Ⅲ.①智力游戏—少儿读物
Ⅳ.①G898.2

中国版本图书馆CIP数据核字（2016）第199275号

打飞机：全2册
DA FEIJI : QUAN 2 CE

作　　者　张小默
责任编辑　马远洋
封面设计　嫁衣工舍
出　　版　黑龙江科学技术出版社
　　　　　地址：哈尔滨市南岗区建设街41号　邮编：150001
　　　　　电话：（0451）53642106　传真：（0451）53642143
　　　　　网址：www.lkcbs.cn　www.lkpub.cn
发　　行　全国新华书店
印　　刷　三河市骏杰印刷有限公司
开　　本　889 mm × 1194 mm　1/24
印　　张　8.5
字　　数　80千字
版　　次　2016年10月第1版
印　　次　2016年10月第1次印刷
书　　号　ISBN 978-7-5388-8935-2
定　　价　36.00元

闲言小序

在很久很久以前，人们还过着没有手机、没有电脑的日子。你可能会想，没有手机，没有电脑，那过的不就是原始人的生活吗?还不得无聊出病来啊！

可是，他们明明过得很快乐，心情“棒棒哒”。不仅如此，他们比现在的人更加懂得沟通，思维也更加活跃。为什么？因为他们喜欢玩一个非常刺激而有趣的游戏——“打飞机”！

打飞机？你可能会想：莫非他们会拿着石块打天上的飞机？说实话，他们还真没那个本事，也没那个闲工夫。我也奉劝大家，即便实在闲得无聊，也最好不要那么做哟。万一要是把飞机打下来，那可就闯了大祸啦！即便没打到飞机，伤到花花草草也是不好的呀！

言归正传！打飞机，又名“炸飞机”，是一种曾经风靡一时的极具趣味性的纸上互动游戏。在没有手机、电脑的年代，这种游戏以其频繁的互动性、强烈的对战性和超强的推理性，给人们带来无限欢乐。

该游戏玩法简单，制作也十分容易。每个人只需拿出一支笔、一张纸，简单绘制之后便可进行对战。可两人对战，也可以多人轮番对战。在游戏中，玩家不仅能够获得游戏带来的快乐，还能够增强自身的推理能力和判断能力。此外，亲友之间还能够在这种互动的游戏中增进感情和了解。

闲言少叙，咱们现在就开始吧！

目录

新手训练区

难度：★☆☆☆☆

本区主要介绍了“打飞机”游戏的玩法，内容简单，可让玩家迅速掌握该游戏的玩法。

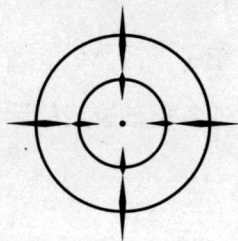

游戏简介

打飞机

“打飞机”游戏是一种十分有趣的纸上互动游戏，可两人对战，也可多人轮番对战。参与者需每人准备一张纸、一支笔，经过简单绘制即可开始游戏。绘制的内容为表格与飞机轮廓（飞机轮廓置于表格内）。

这是一种推理性很强的游戏，参与者需通过交互攻击对方表格中的某些格并获取对方给予的反馈信息（飞机是否被击中），以综合判断对方飞机轮廓的摆放位置，从而击中对方飞机机头，击毁对方飞机，最终获得胜利。

“打飞机”游戏极具趣味性、交互性和推理性，既能满足人们的娱乐需求，又能增强人们的推理能力和人际交往能力。

名词解释

战区

战区，即玩家进行对战的区域，是一张简单的表格。通常，表格的行数和列数相等。本书中的表格分为三档，初级战区部分的表格为10×10格表格（即10行10 列，见图

1-1），中级战区部分为15×15格表格，高级战区部分为20×20格表格。

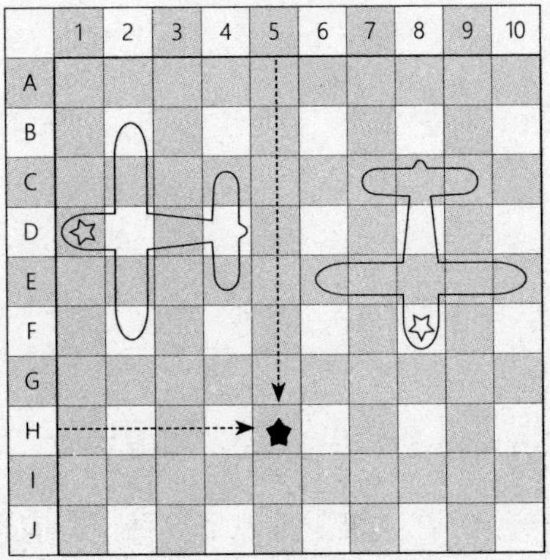

图 1-1

坐标

从图1-1可以看到，战区（表格）最上端标有“1，2，3……”这些阿拉伯数字，最左侧标有“A，B，C……”这些英文字母。这样一来，我们便可以用一个字母和一个数字来确定表格中每个方格的位置。例如，图中黑色五角星的位置可以表示为“H，5”，这就是黑色五角星所在方格的坐标，也可以说是黑色五角星的坐标。

战机

战机，即表格上绘制出的飞机轮廓，也就是对战中需要攻击的对象，形状如“士”字。从图1-1可以看到，战机的机翼占五个方格，水平尾翼占三个方格，机头和机身共占四个方格。战机的数量可根据战区的大小合理安排。通常，战机数量越多，被击中的概率也就越大。

玩法速学

胜负判定与对战方式

胜负判定

本方战机全部被对方击毁，即判定对方获胜；对方战机全部被本方击毁，即判定本方获胜。需要注意的是，一架战机只有被击中机头，也就是飞机轮廓中标有五角星的部分，才是真正被击毁；如果其他部位被击中，则尚属存活。

对战方式

本方和对方各持一张同格数的表格（本书分A、B两册，对战双方可各执一册进行游戏），然后交替说出表格上的某个坐标，以向对方的战机发动攻击。例如，本方先说“F，2”，即本方攻击对方的“F，2”这个位置；然后对方说“D，6”，即对方攻击本方“D，6”这个位置。

如果是多人对战，如甲、乙、丙、丁四个人一起玩，可以按照这样的方式进行对战：四个人各执一份表格，然后由其中一人开始攻击；攻击的顺序为乙攻击甲、丙攻击乙、丁攻击丙、甲攻击丁，如此循环；最终，有战机幸存的人即为胜利者。

对战范例

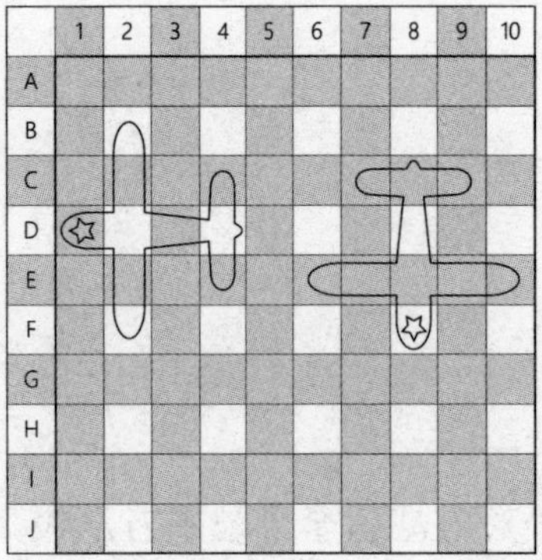

图 1-2　本方

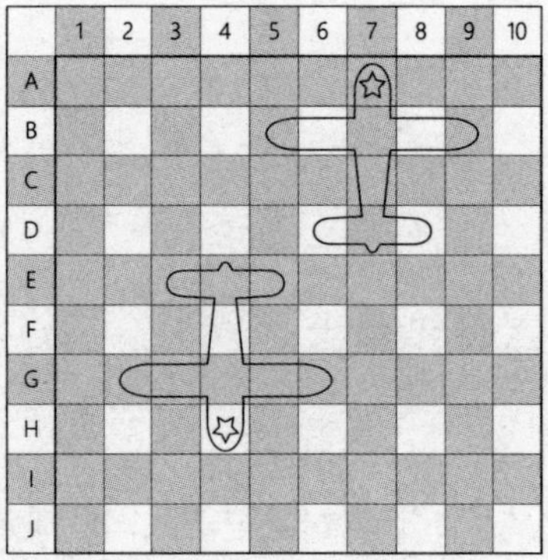

图 1-3　对方

（1）如图1-2、图1-3，本方和对方各执一份表格，两份表格的行数、列数完全相同，坐标系统也完全一致。事实上，两份表格本身是完全相同的，只是上面所绘制的战机的位置和走向不太相同。当然，对于双方来说，对方表格上战机的位置和走向是秘密。

（2）双方商定攻击顺序，这里让本方先攻击。本方说出“B，4”，即攻击对方（图1-3）的“B，4”位置。此时，对方要诚实回复是否击中。如果击中，本方要在自己表格的“B，4”位置画上“×”；如果没有击中，本方要在自己表格的“B，4”位置画上“○”。这些标记十分重要，通过这些标记，我们可以逐步判定对方飞机的位置和走向。

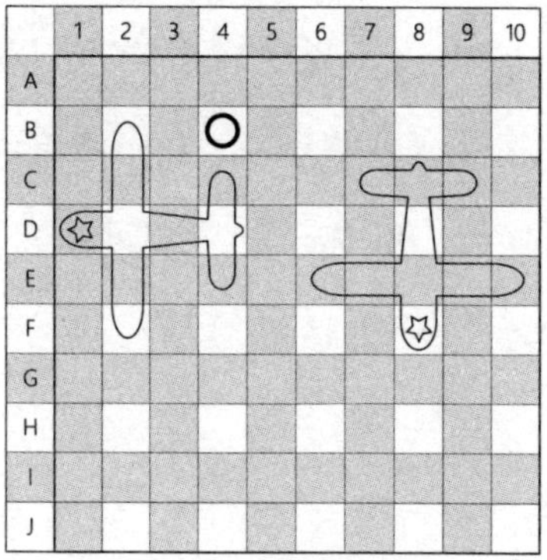

图 1-4　本方

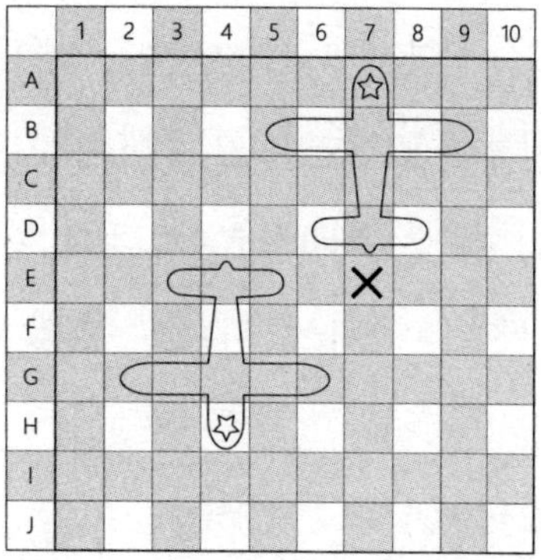

图 1-5　对方

（3）对方进行攻击。对方说“E，7”，即攻击本方（图1-4）的“E，7”位置。显然，对方击中了本方的战机，此时对方会在其表格（图1-5）上“E，7”处画上“×”，即对方击中了本方的一架战机。

（4）双方轮流攻击对方，并不断做好标记（如图1-6、图1-7），以尽快判断对方战机的位置和走向，从而比对方更快击毁对方的战机，也就是击中对方战机的头部。

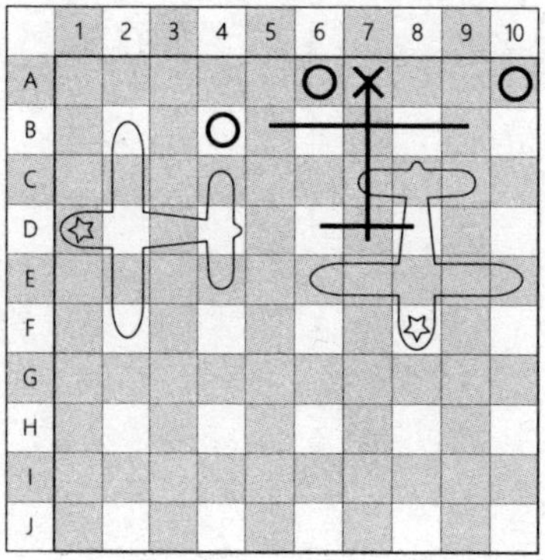

图 1-6　本方

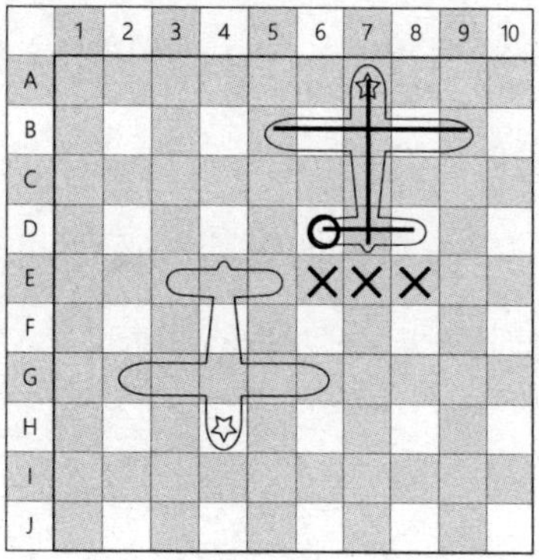

图 1-7　对方

（5）一旦击毁对方的战机，便可根据战机的占格数来判定战机的方向和走势。此时，不管是本方和对方，最后都用线将击毁的战机画出（如图1–6、图1–7）。本方画出对方战机的位置，有助于寻找其他目标；对方划掉战机，即表示此战机被击毁。

（6）双方继续对战，直到一方战机被全部击毁，以分出胜负。

【特别提醒】千万记清楚！本方在自己表格上做的标记（“○”“×”），标注的位置是本方攻击对方的位置，标注的结果显示的是是否击中对方战机。本方在被攻击时，最好不要做标记（或采用其他标记），否则可能会把对方战机的情况与本方战机的情况搞混。

战机的画法

在本书“自定义战区”部分，需要玩家自己动手绘制战机。战机的绘制其实十分简单，但一定要记住一架战机的基本形状和其所占的表格数。至于其他细节，玩家可根据自己意愿自由发挥。图1–8展示了战机的基本画法，玩家只需顺着一个方形按照虚线勾画即可学会。当然，战机的轮廓并不要求美观，只要形似即可。

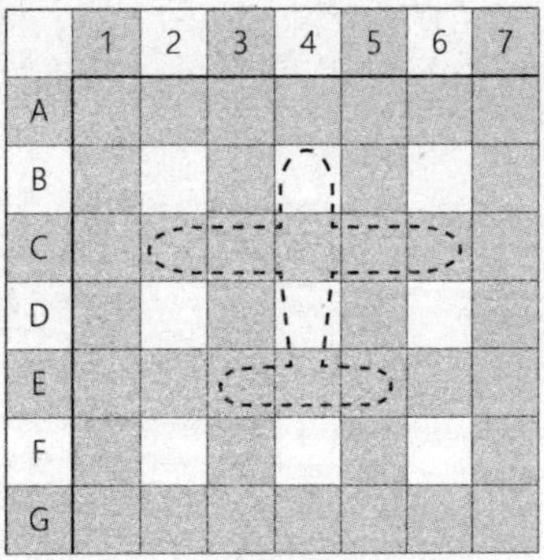

图 1–8

初级战区

难度：★★☆☆☆

本区均为10×10格表格，战机3架，难度一般，适合初级玩家进行对战。

对手：________ **战果：**胜□ 负□ **用时：**________

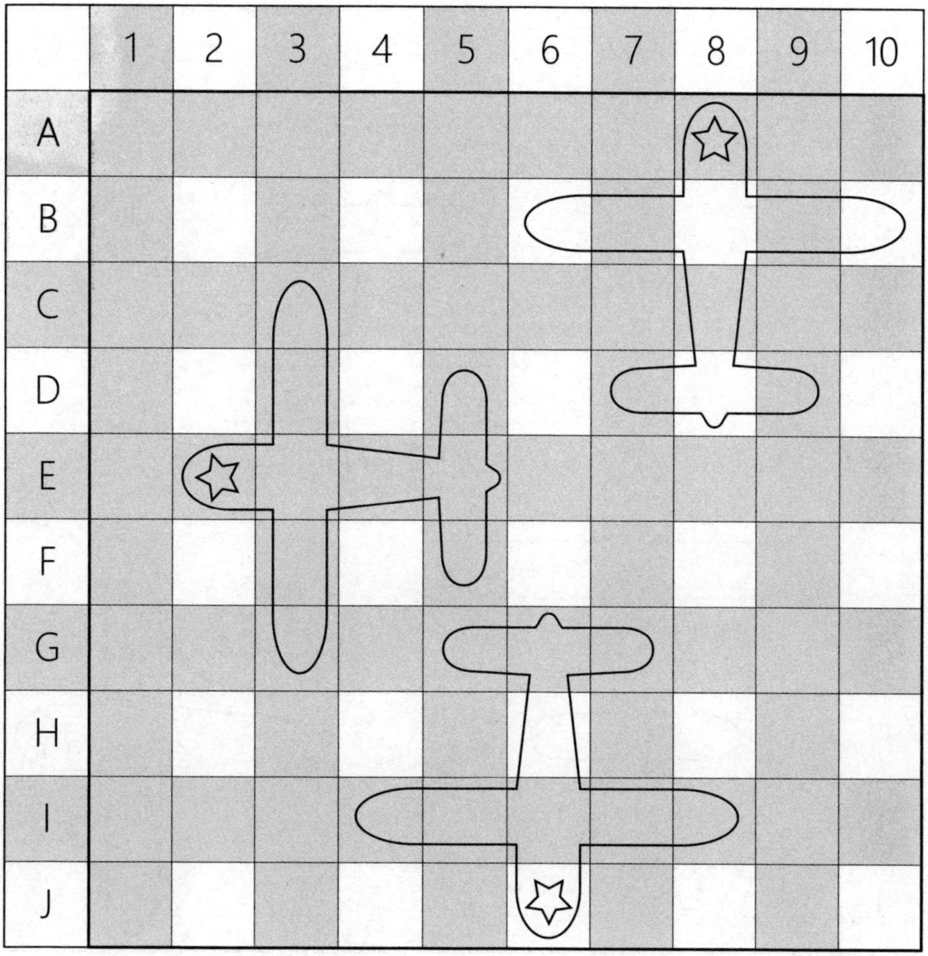

对手：________　　**战果：**胜□　负□　　**用时：**________

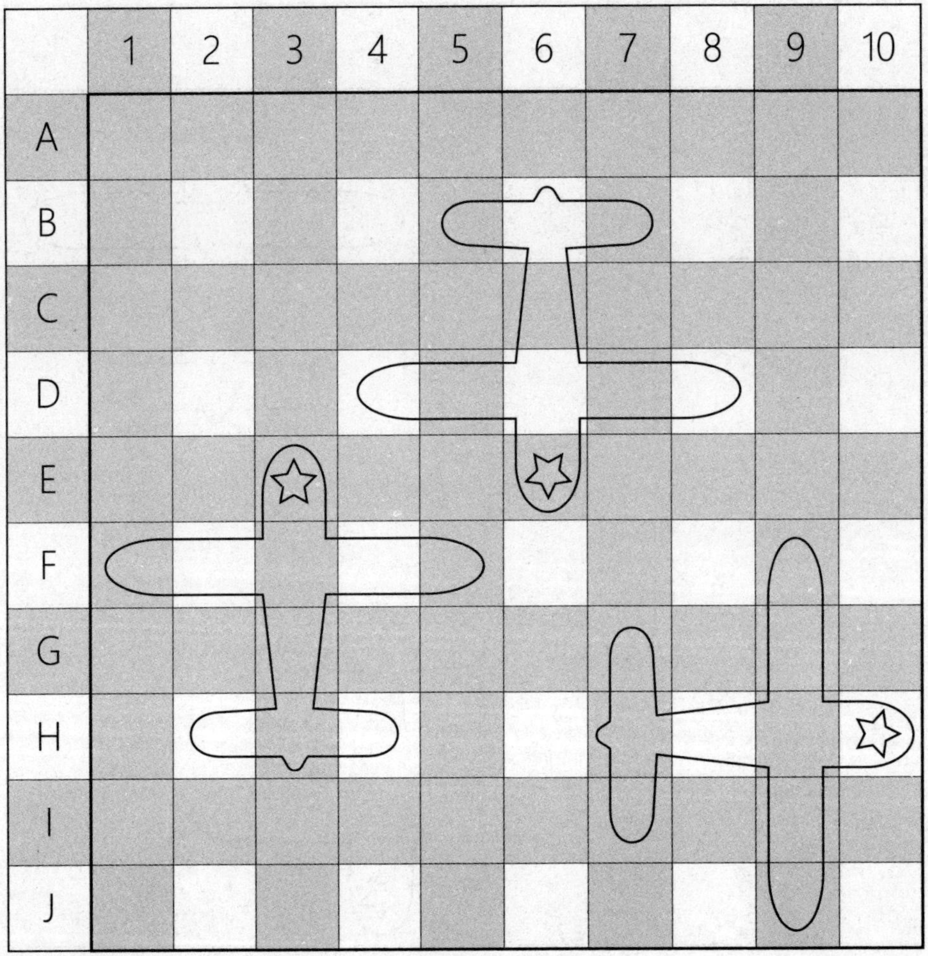

对手： ________　　**战果：** 胜□　负□　　**用时：** ________

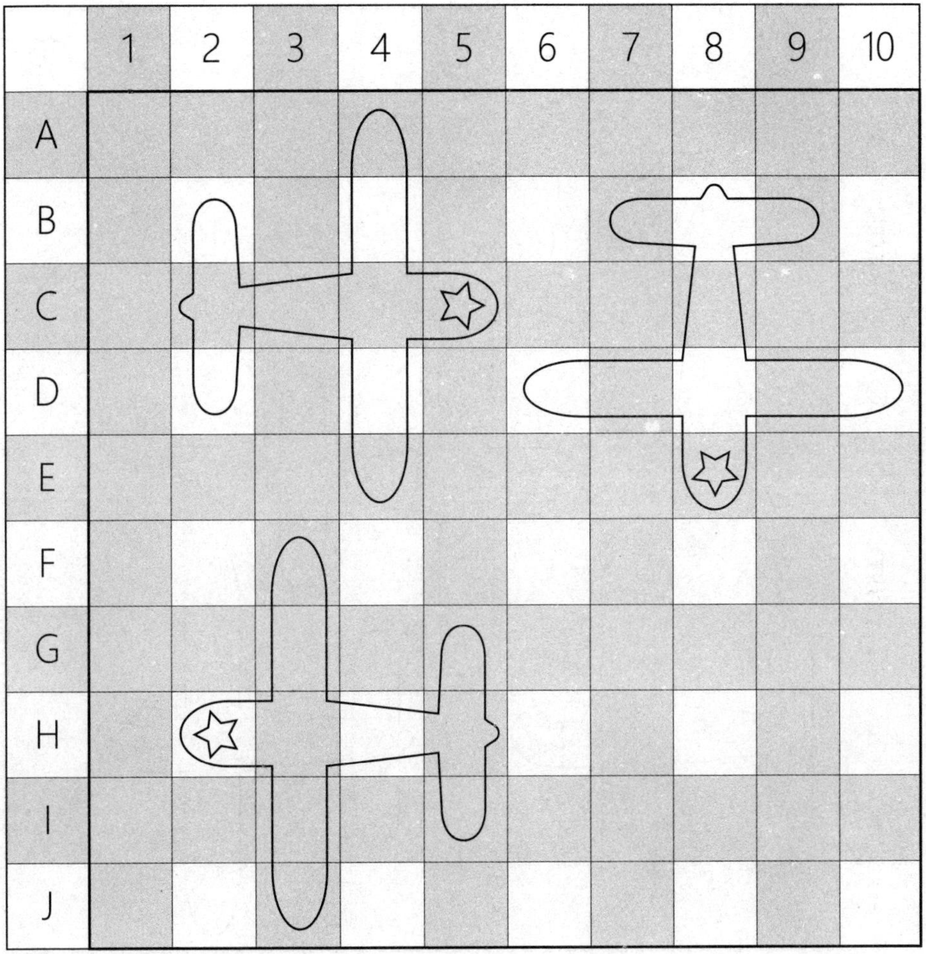

对手： ________　　**战果：** 胜□　负□　　**用时：** ________

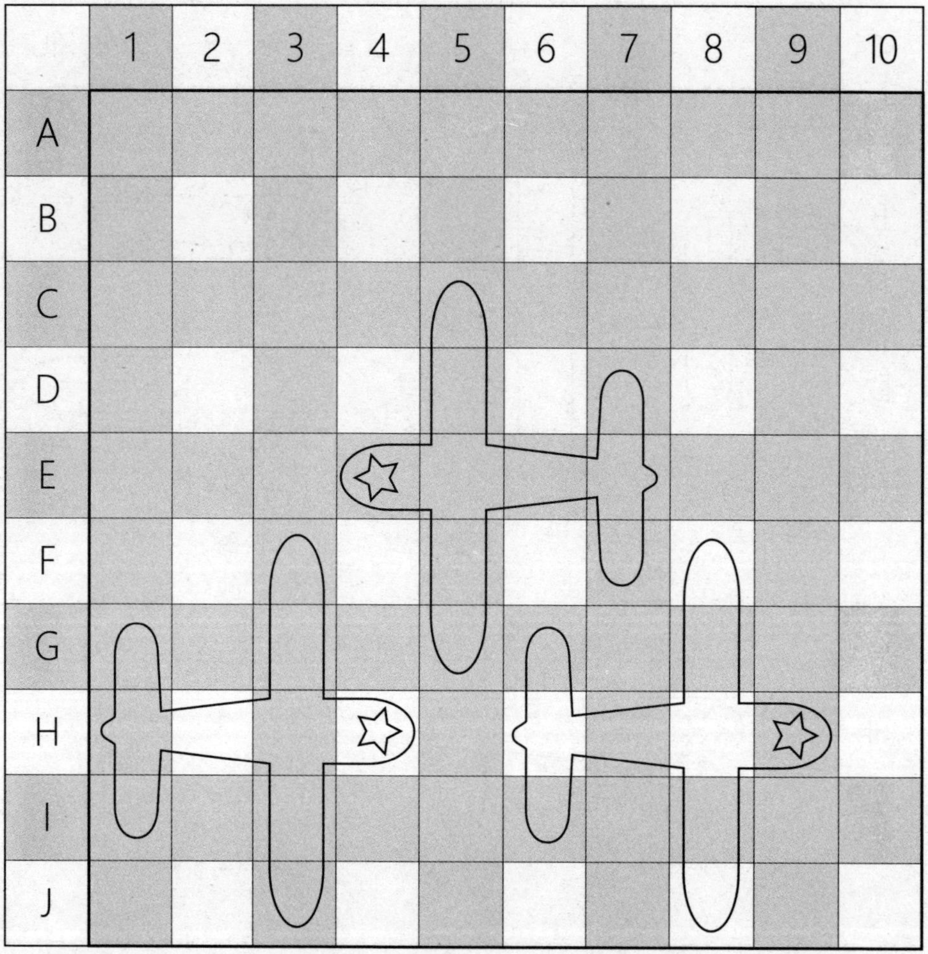

对手：__________ **战果：**胜□ 负□ **用时：**__________

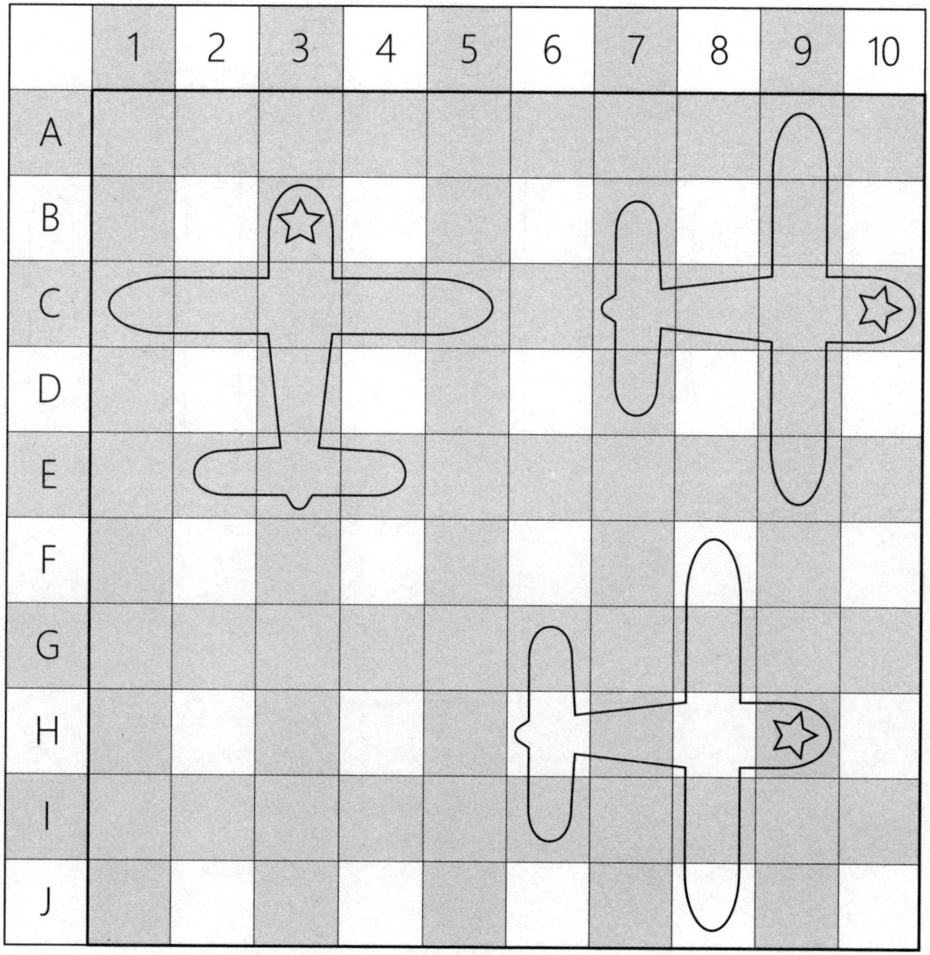

对手：________ 战果：胜□ 负□ 用时：________

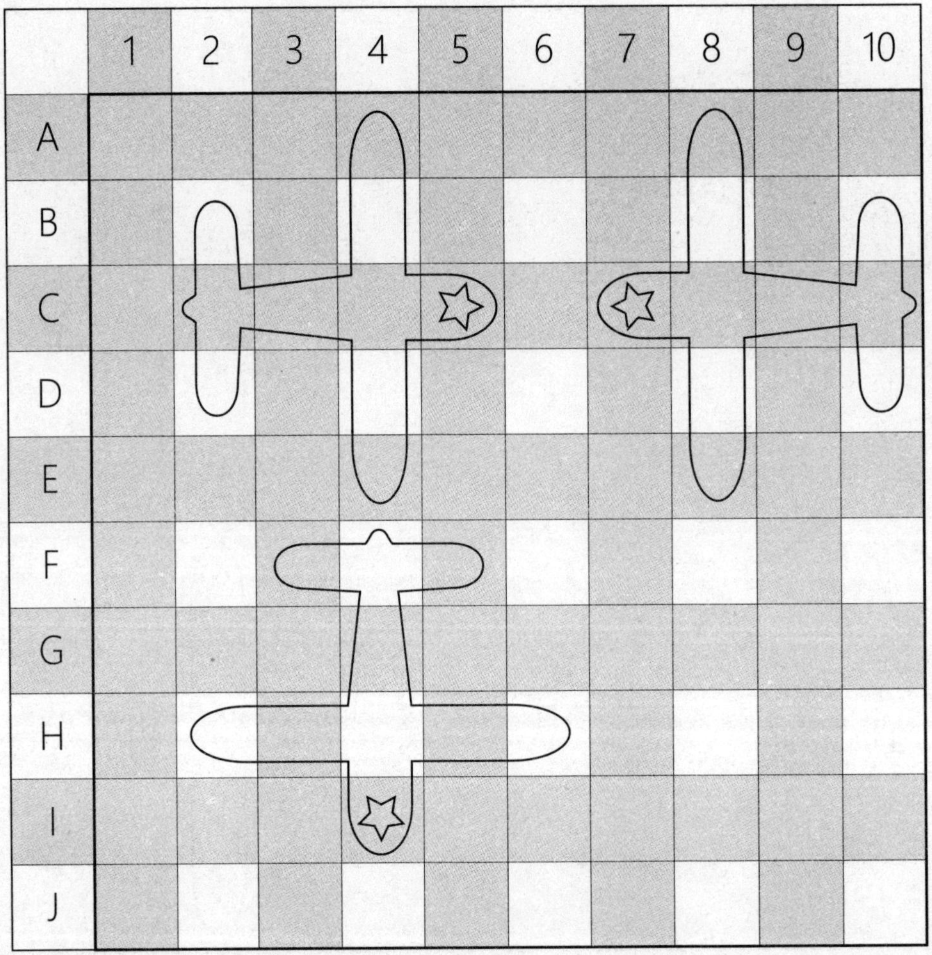

对手：________　　**战果：**胜□　负□　　**用时：**________

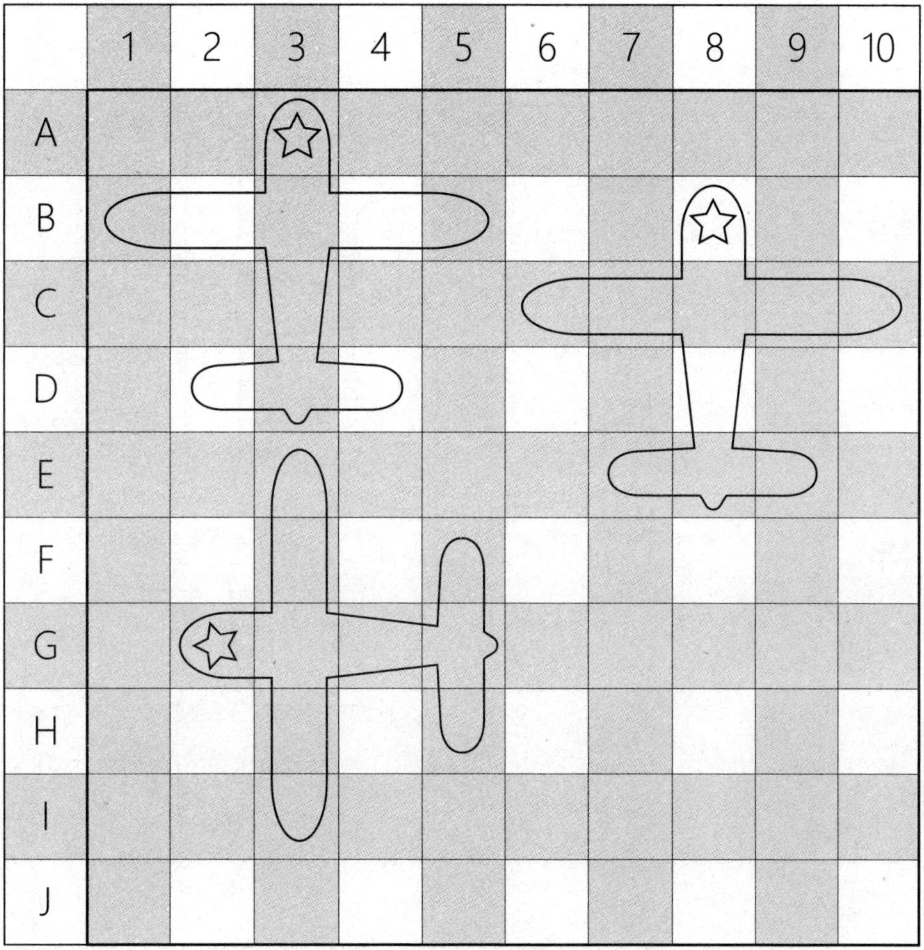

对手：__________ **战果：**胜□ 负□ **用时：**__________

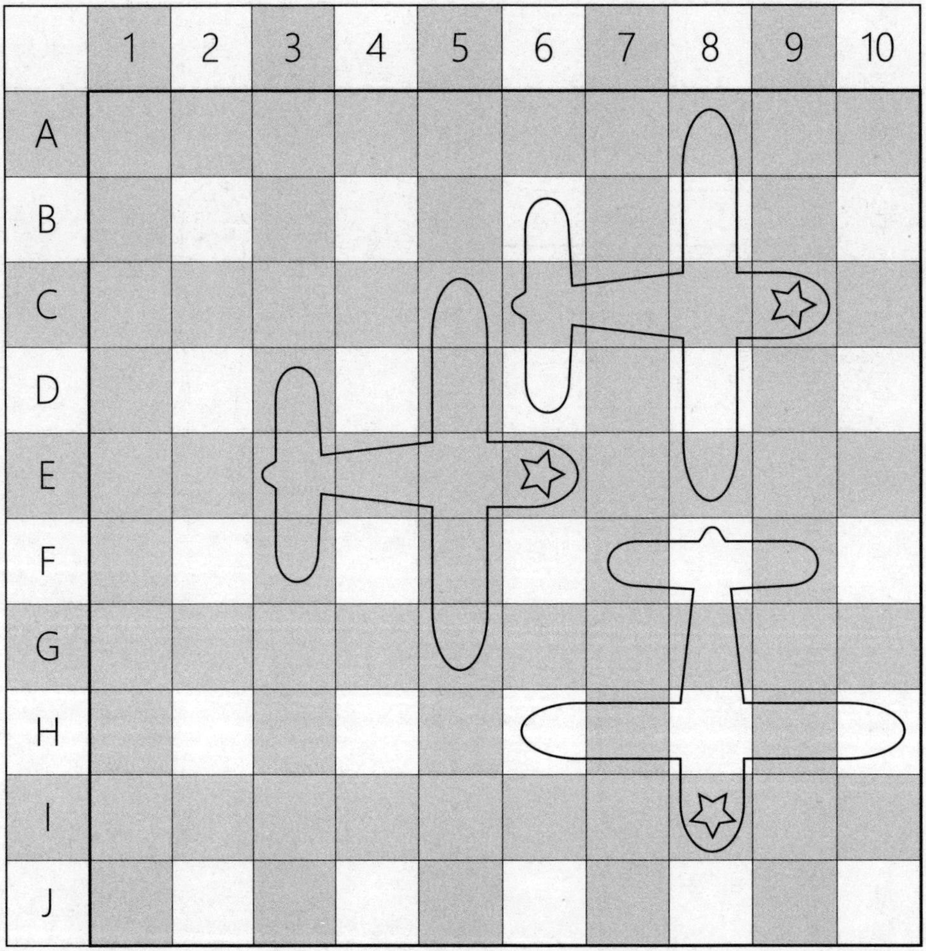

对手：________ 战果：胜□ 负□ 用时：________

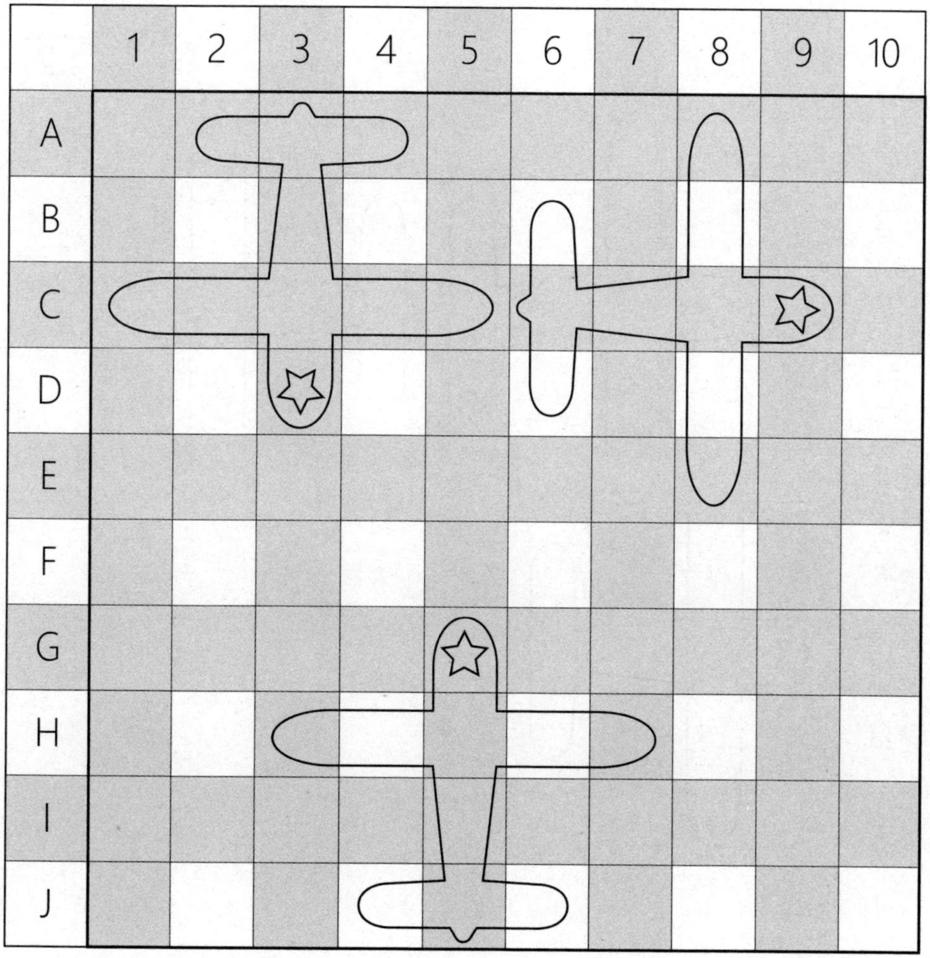

对手：________　　战果：胜□　负□　　用时：________

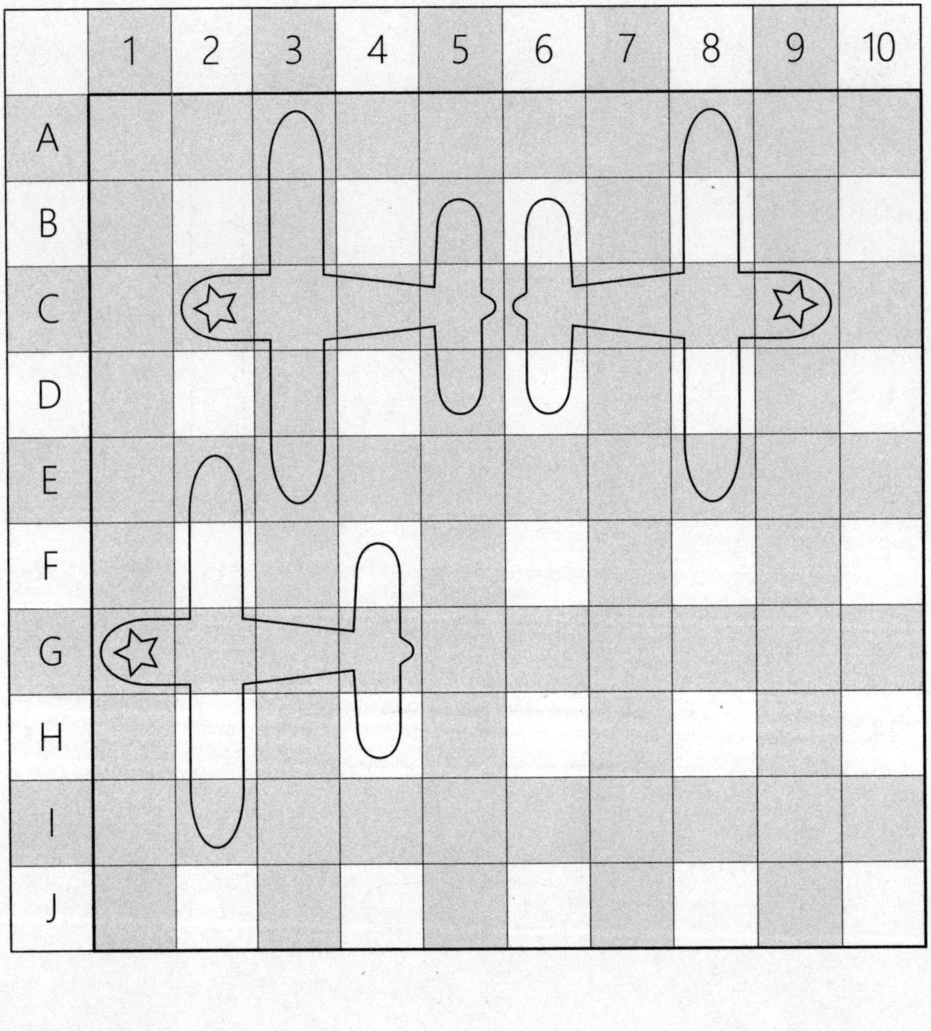

对手：________　　**战果：**胜□　负□　　**用时：**________

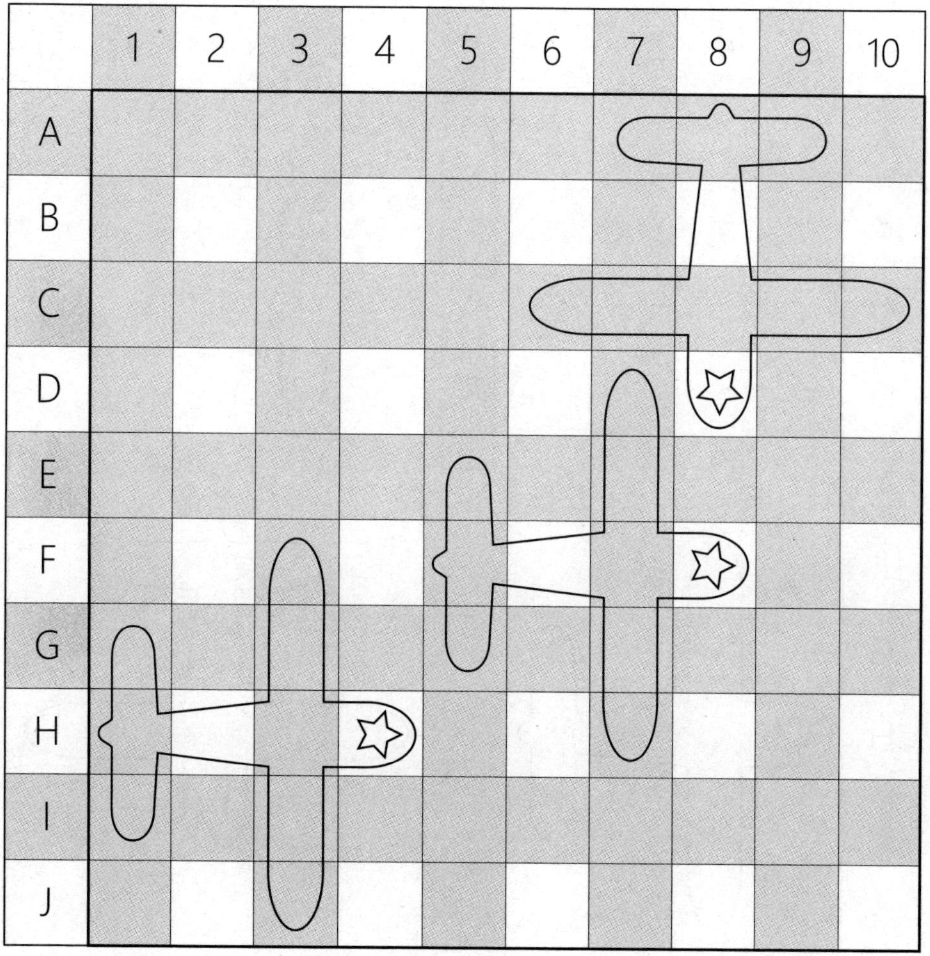

对手：________　　战果：胜□　负□　　用时：________

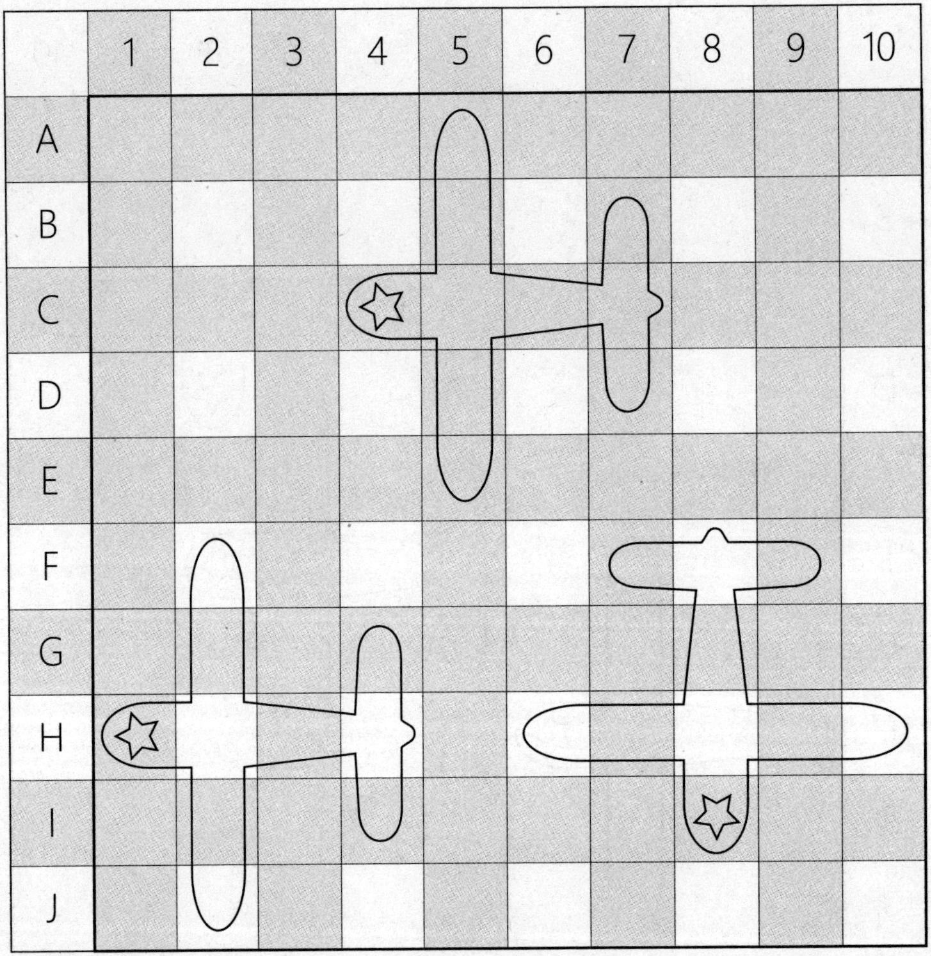

对手：__________　　**战果：**胜□　负□　　**用时：**__________

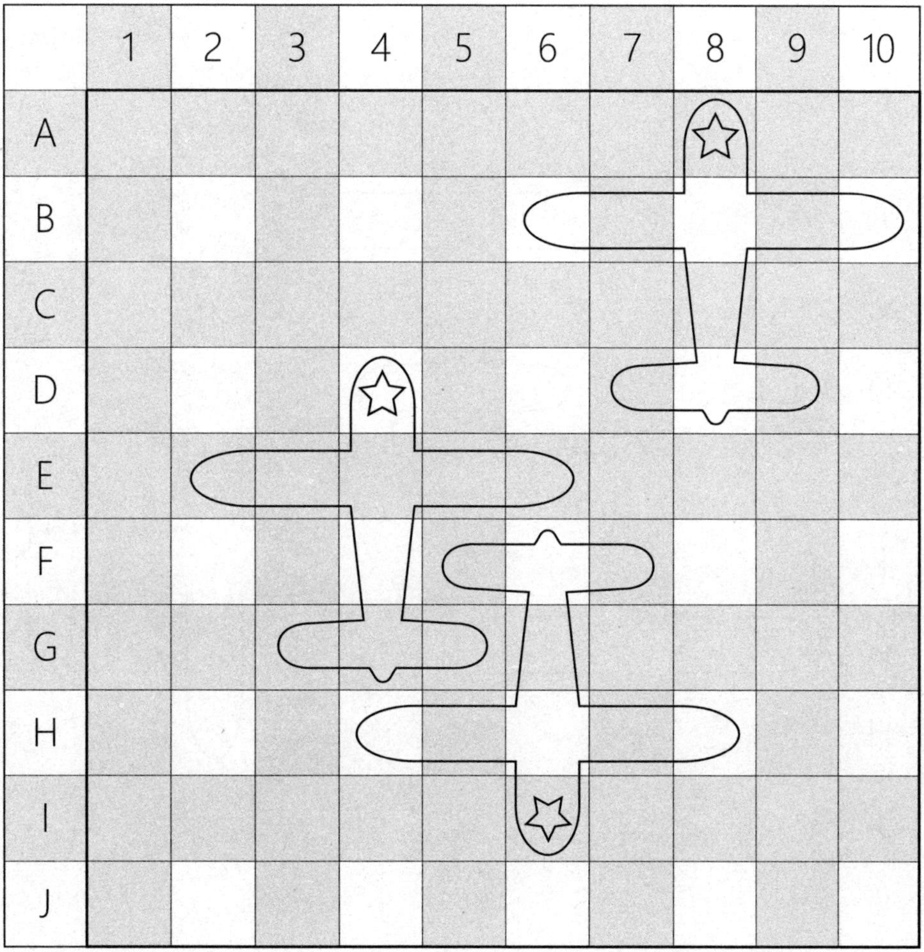

对手：________　　**战果：**胜□　负□　　**用时：**________

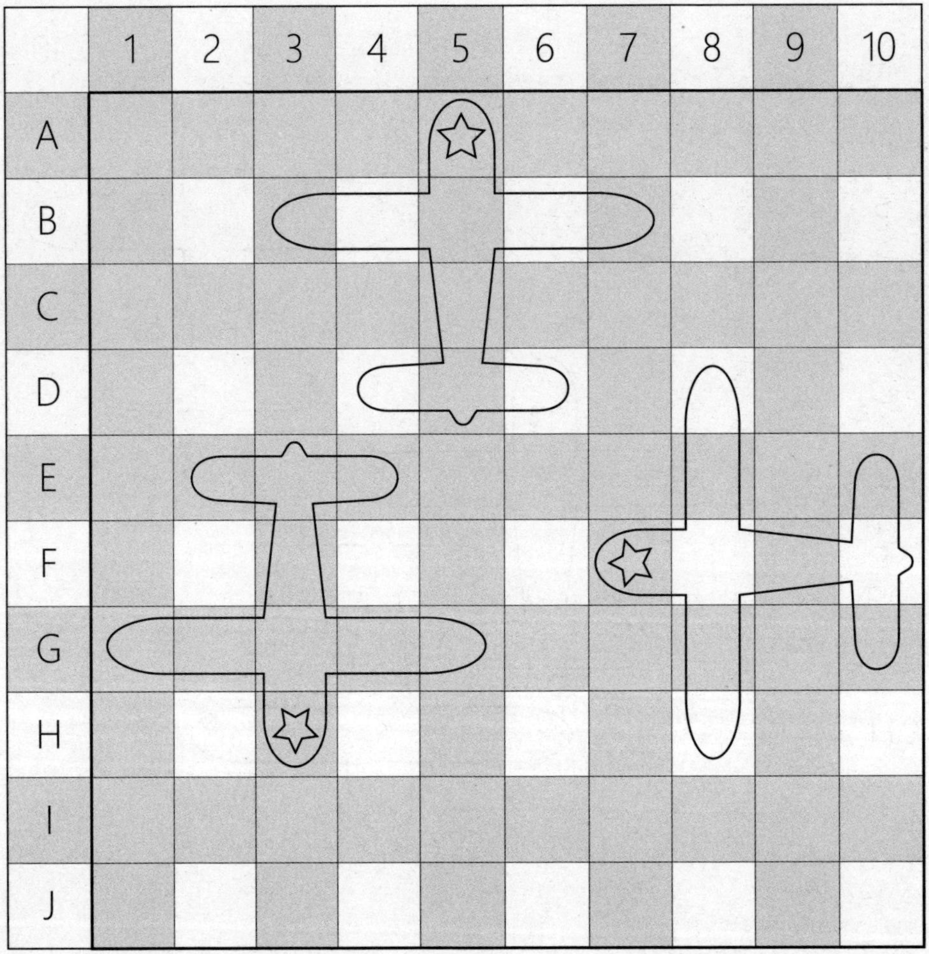

对手：________ 战果：胜□ 负□ 用时：________

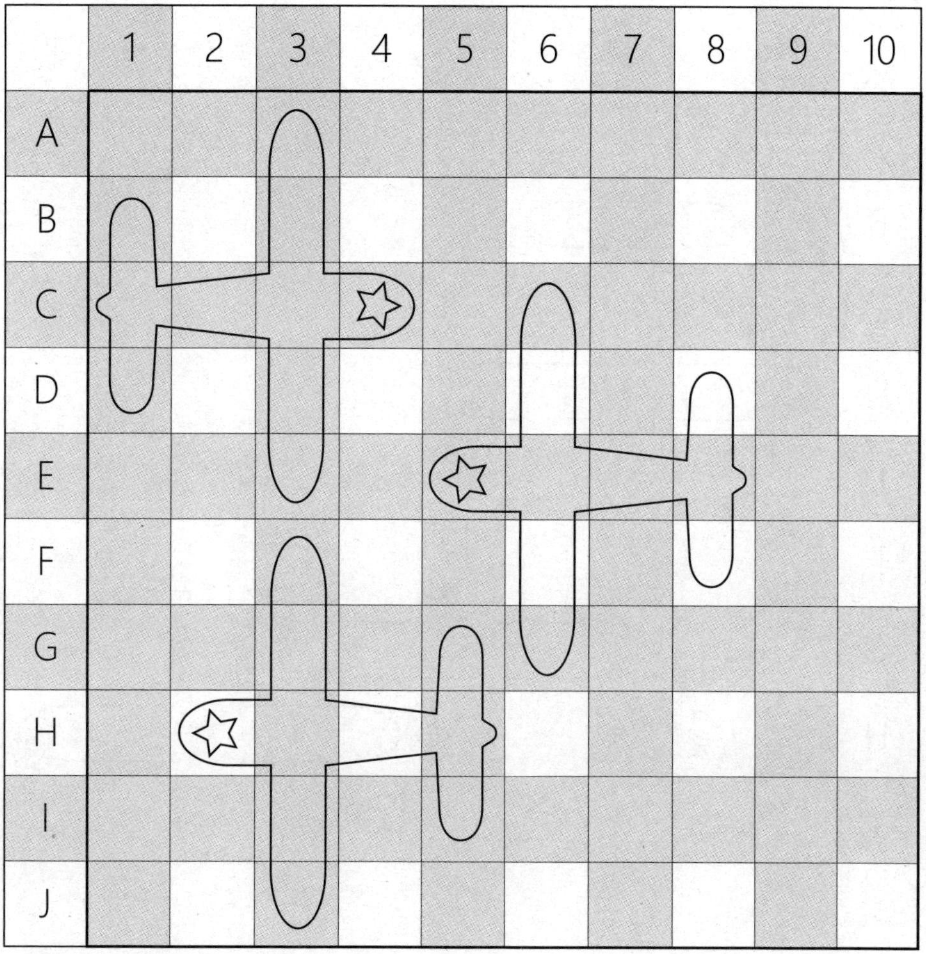

对手：________ **战果：**胜□ 负□ **用时：**________

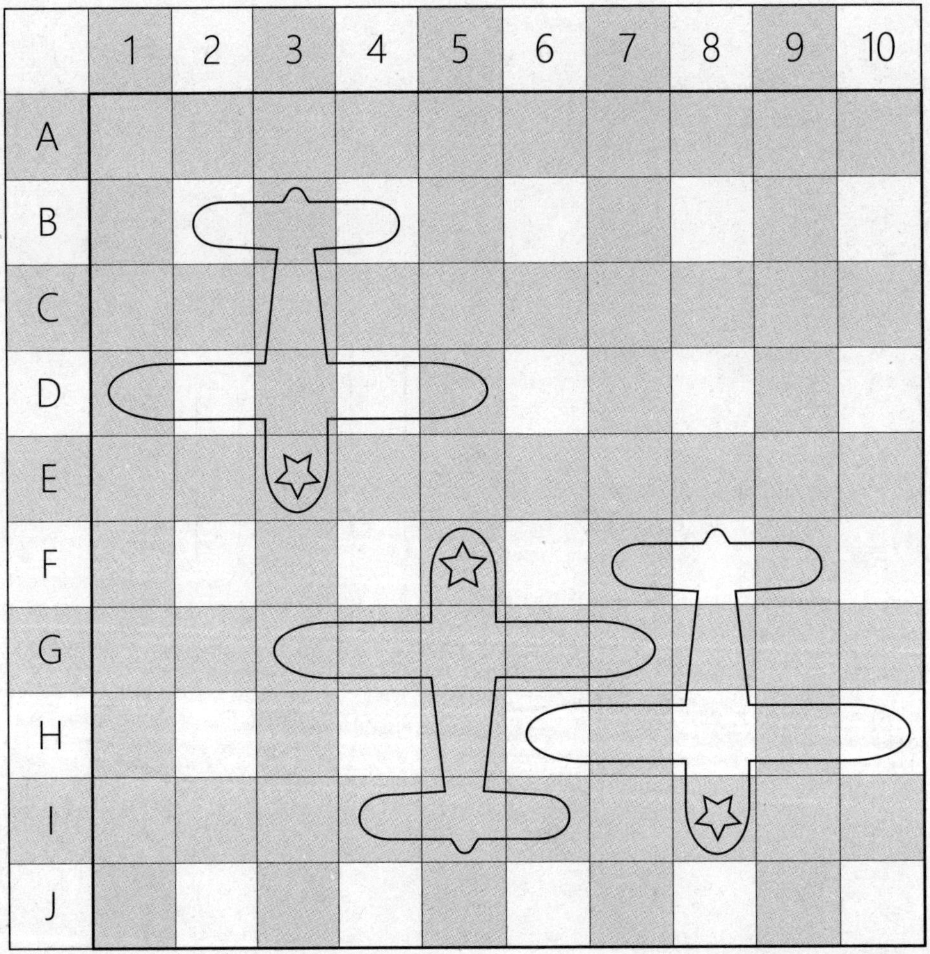

对手：__________ **战果：** 胜□ 负□ **用时：**__________

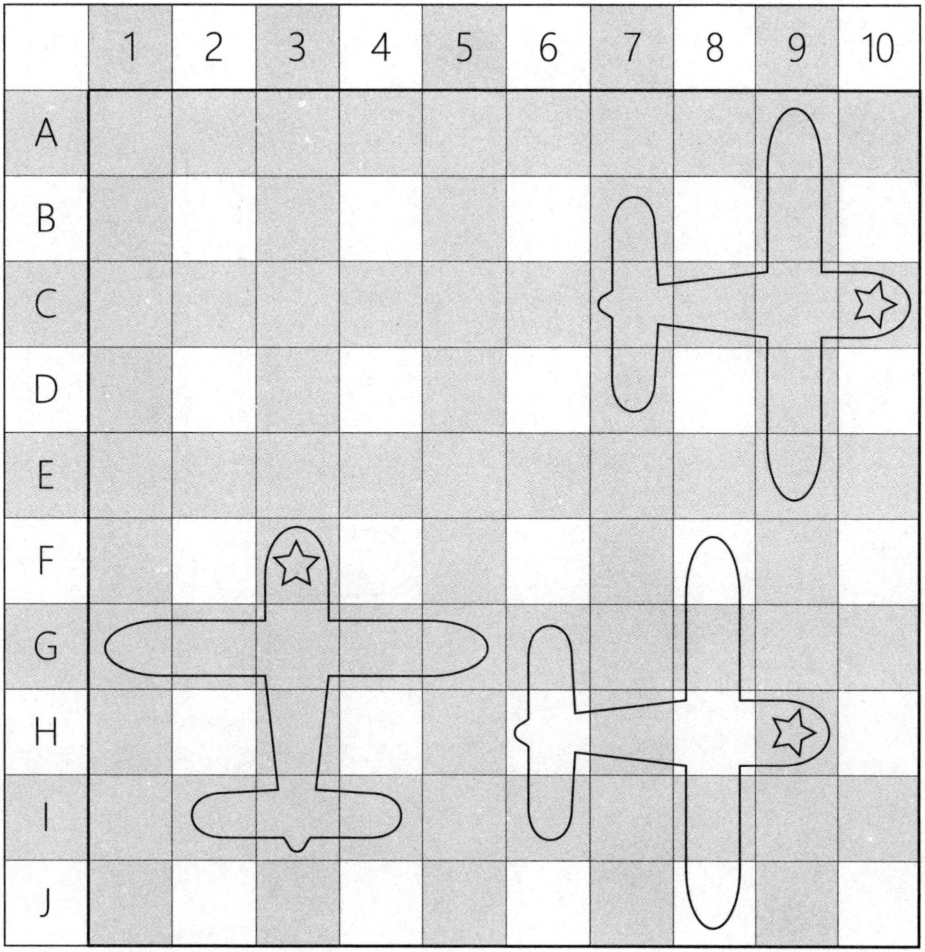

对手： ________　　**战果：** 胜□　负□　　**用时：** ________

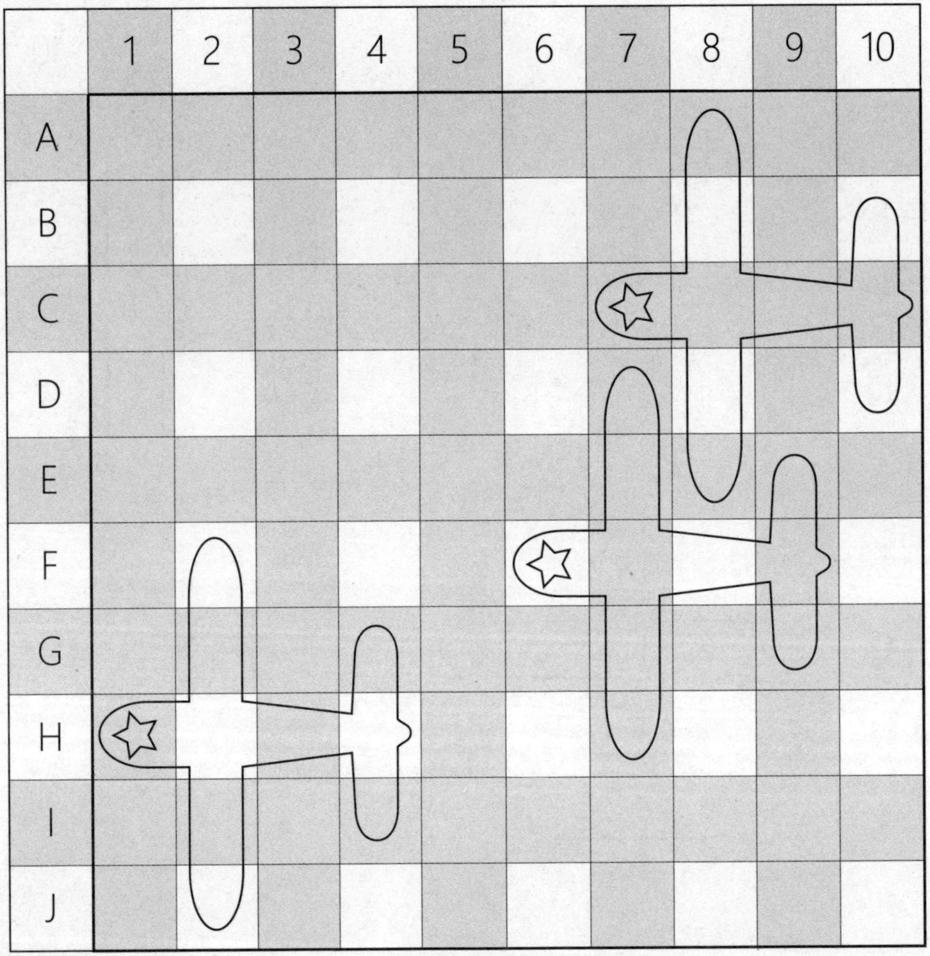

对手： ________　　**战果：** 胜□　负□　　**用时：** ________

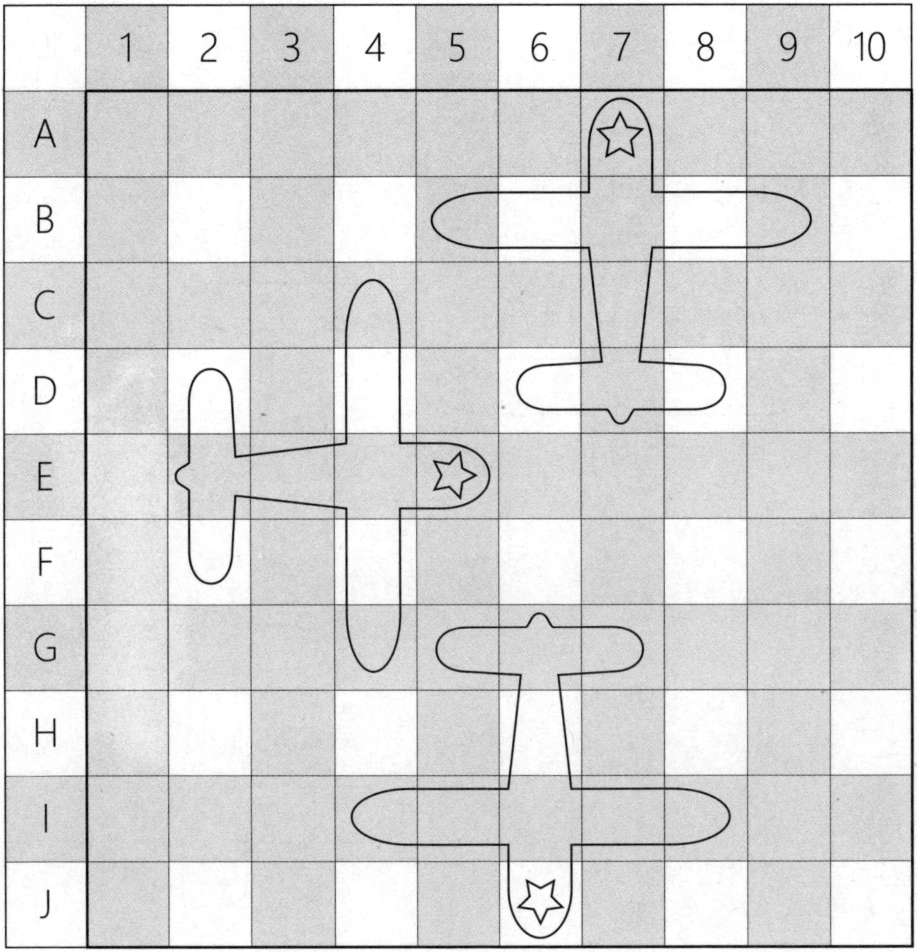

对手：__________ **战果：**胜□ 负□ **用时：**__________

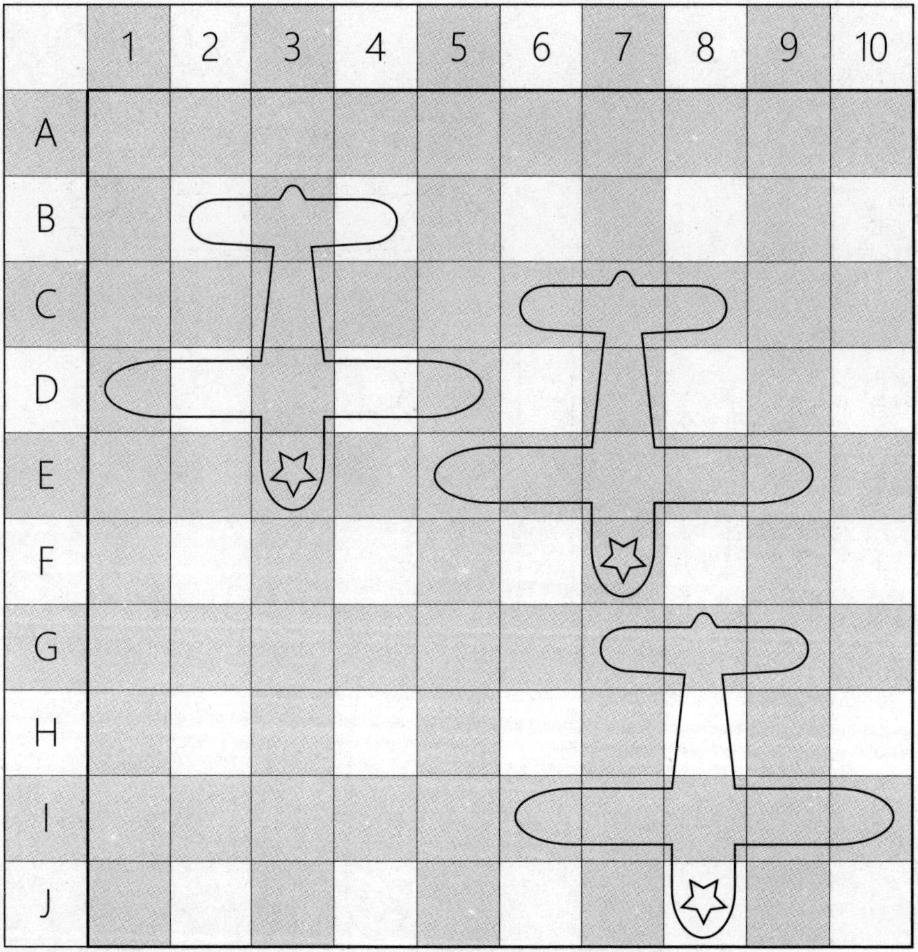

中级战区

难度：★★★★☆

本区均为15×15格表格，战机5架，难度较高，适合中级玩家进行对战。

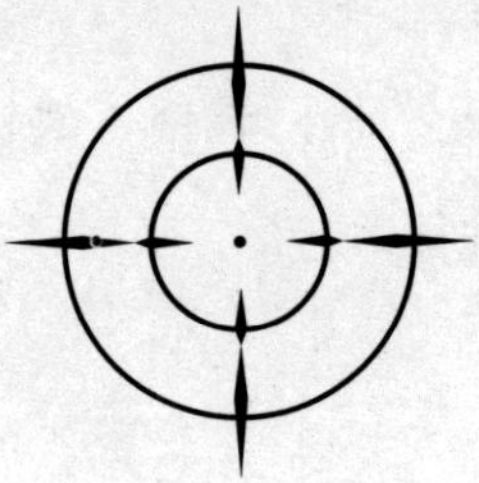

对手：__________　　**战果：**胜□　负□　　**用时：**__________

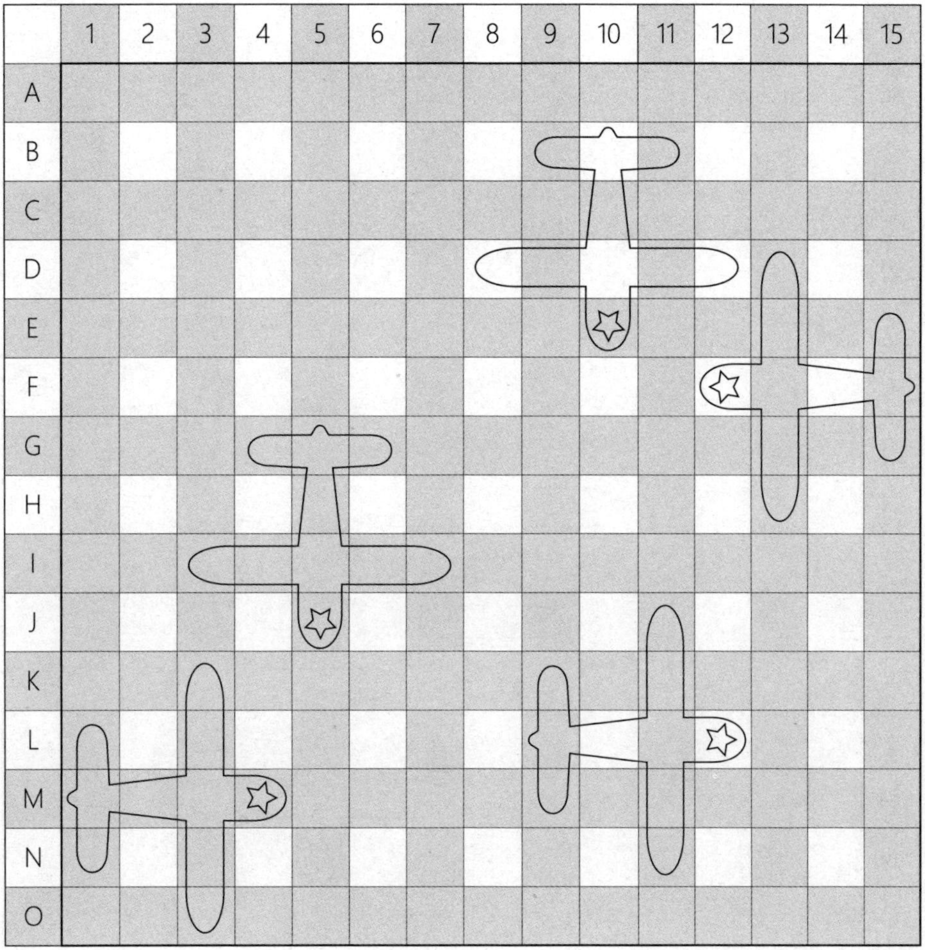

对手：________　　战果：胜□　负□　　用时：________

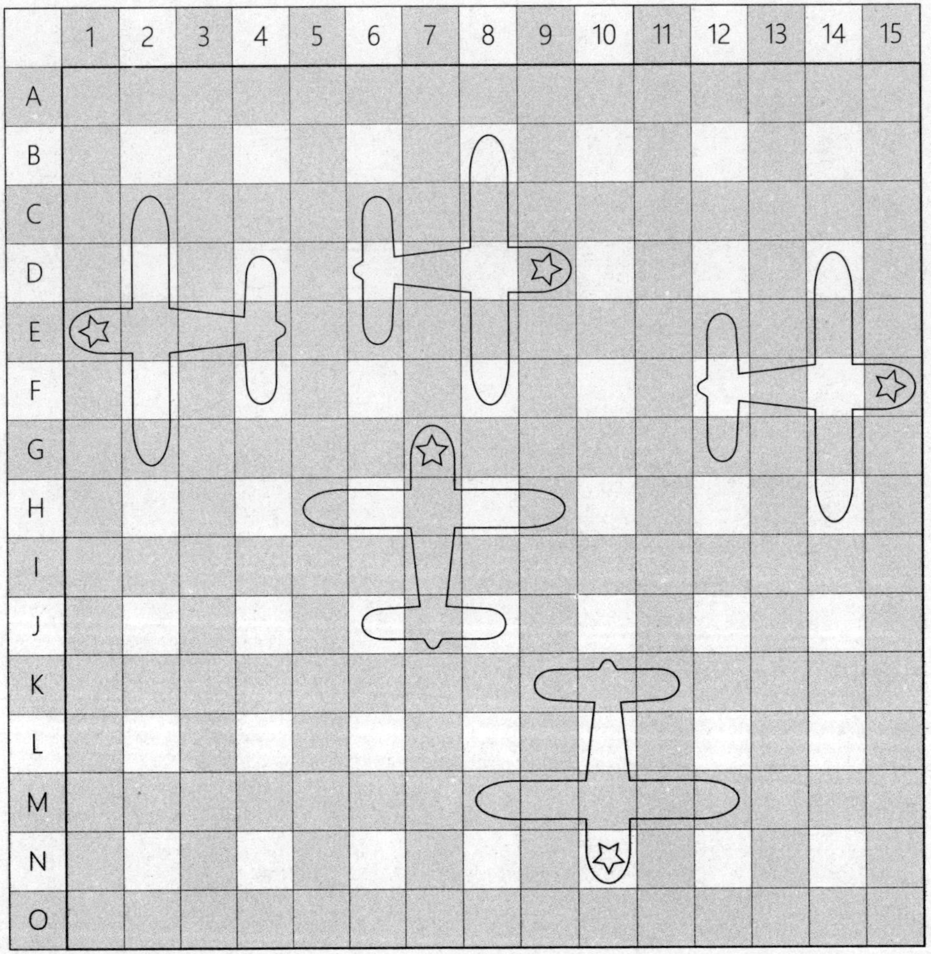

对手：________　　战果：胜□ 负□　　用时：________

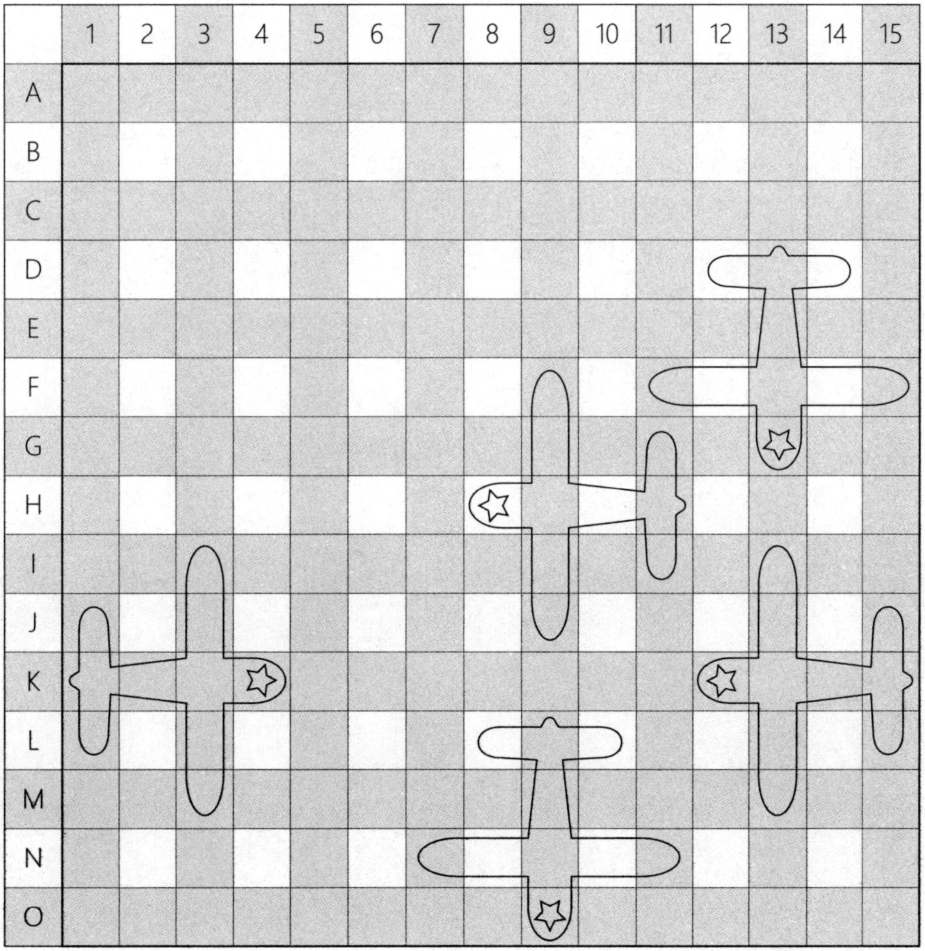

对手：________ **战果：**胜□ 负□ **用时：**________

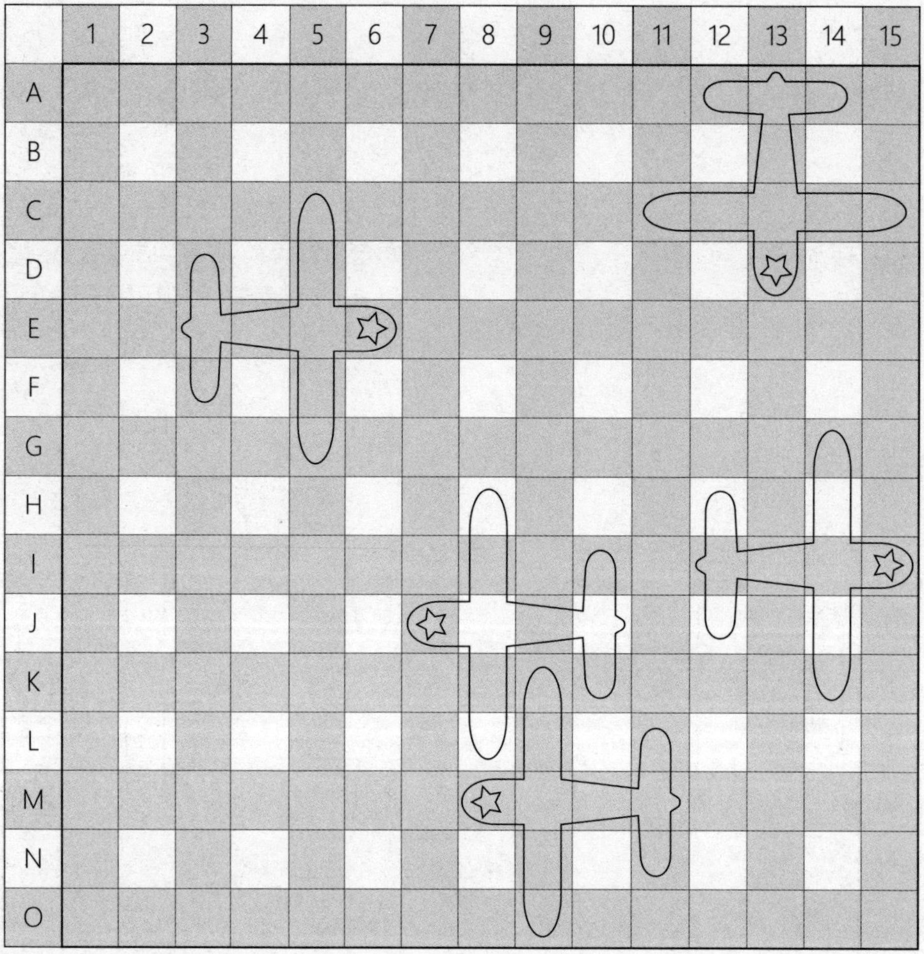

对手：________　　**战果：**胜□　负□　　**用时：**________

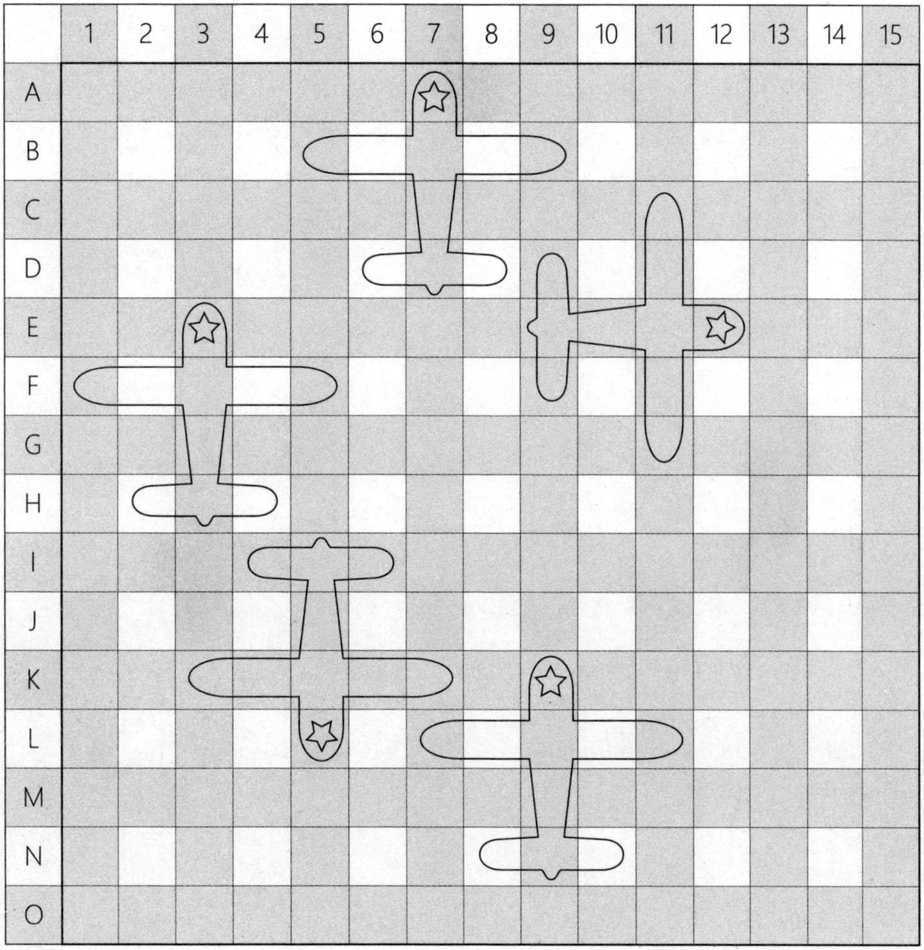

对手：________ **战果：**胜□ 负□ **用时：**________

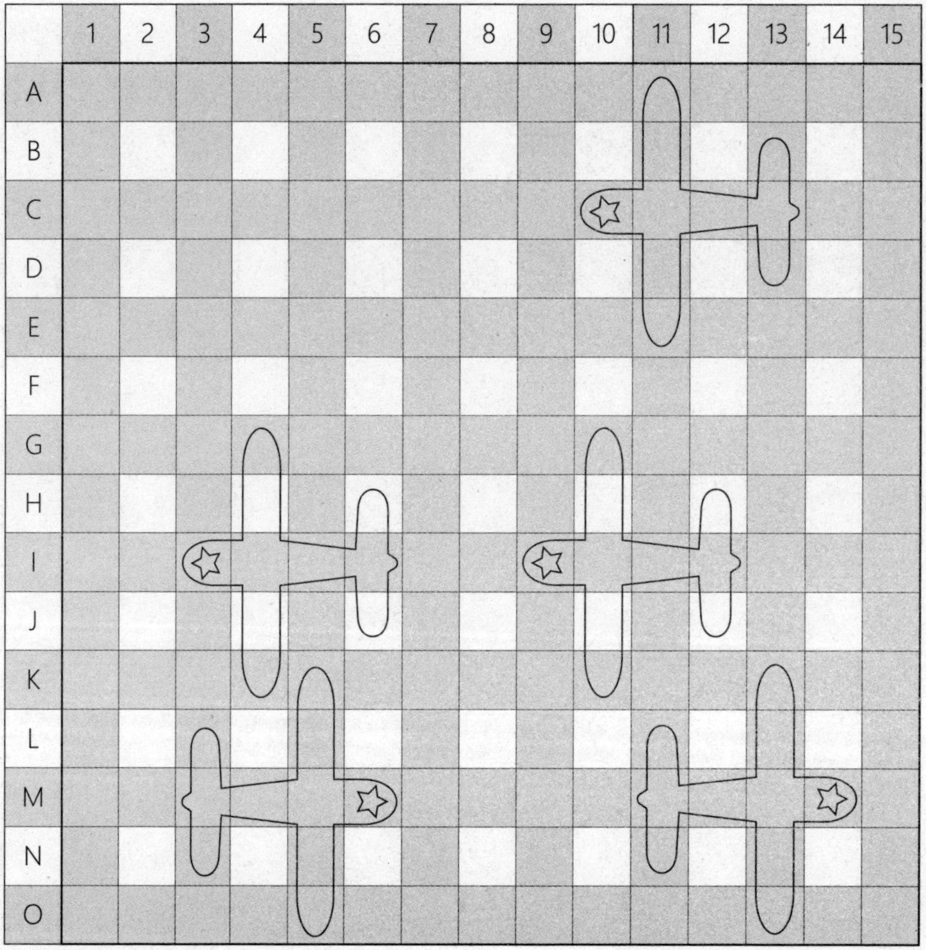

对手：________ **战果：**胜□ 负□ **用时：**________

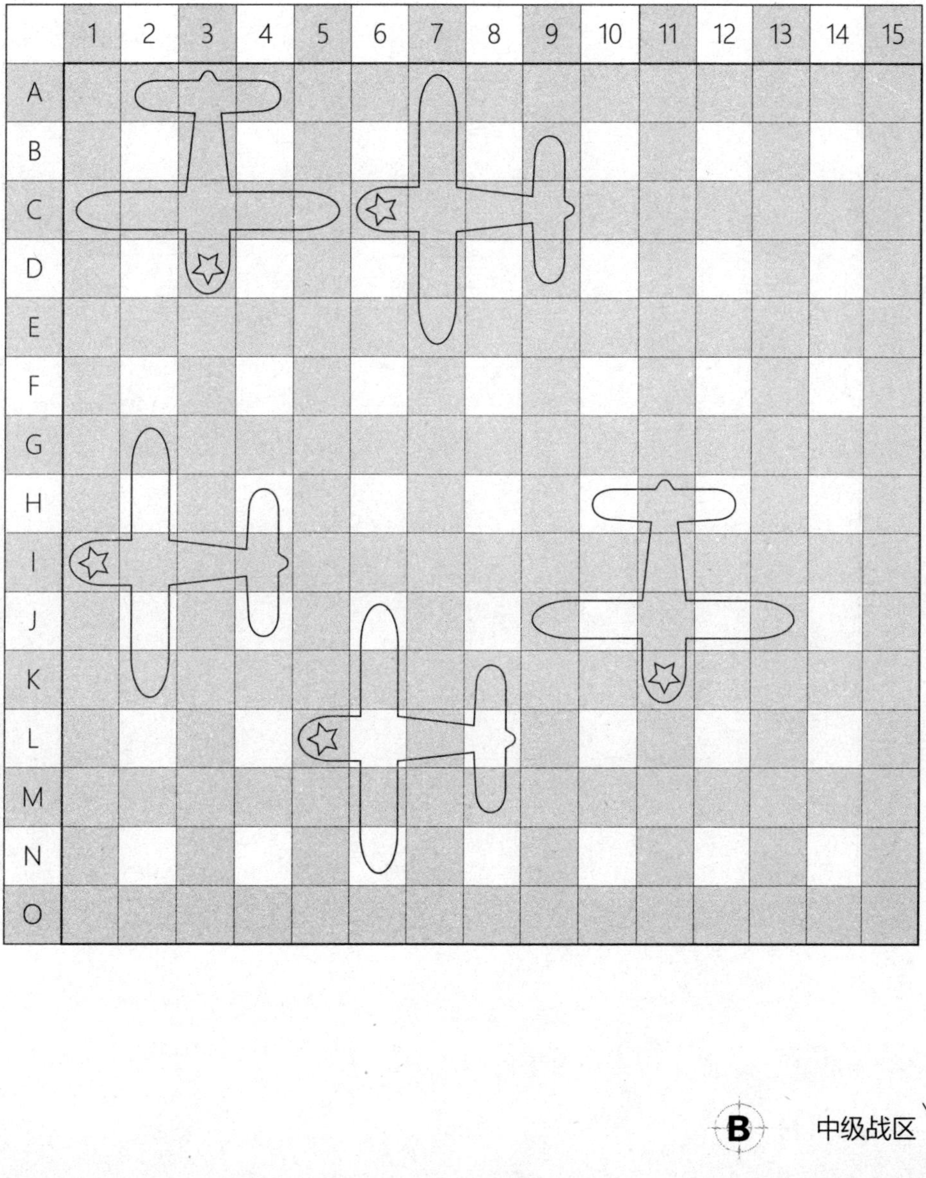

对手： ________　　**战果：** 胜□　负□　　**用时：** ________

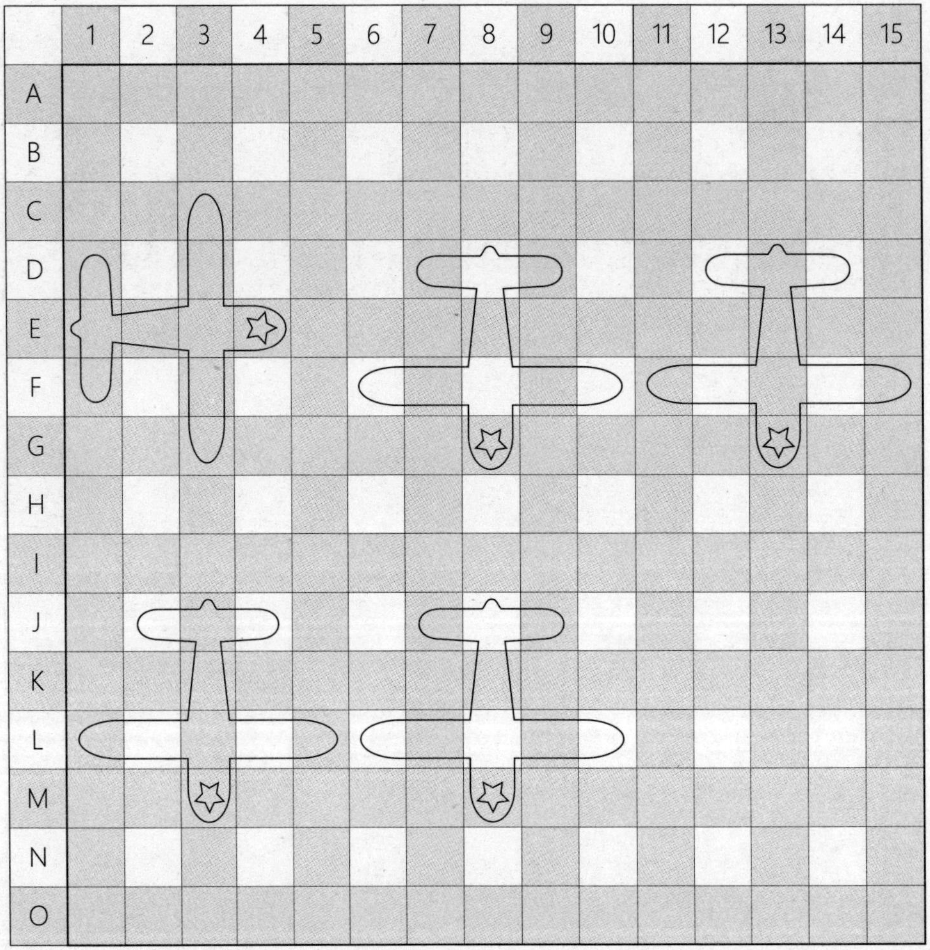

对手： ________　　**战果：** 胜□　负□　　**用时：** ________

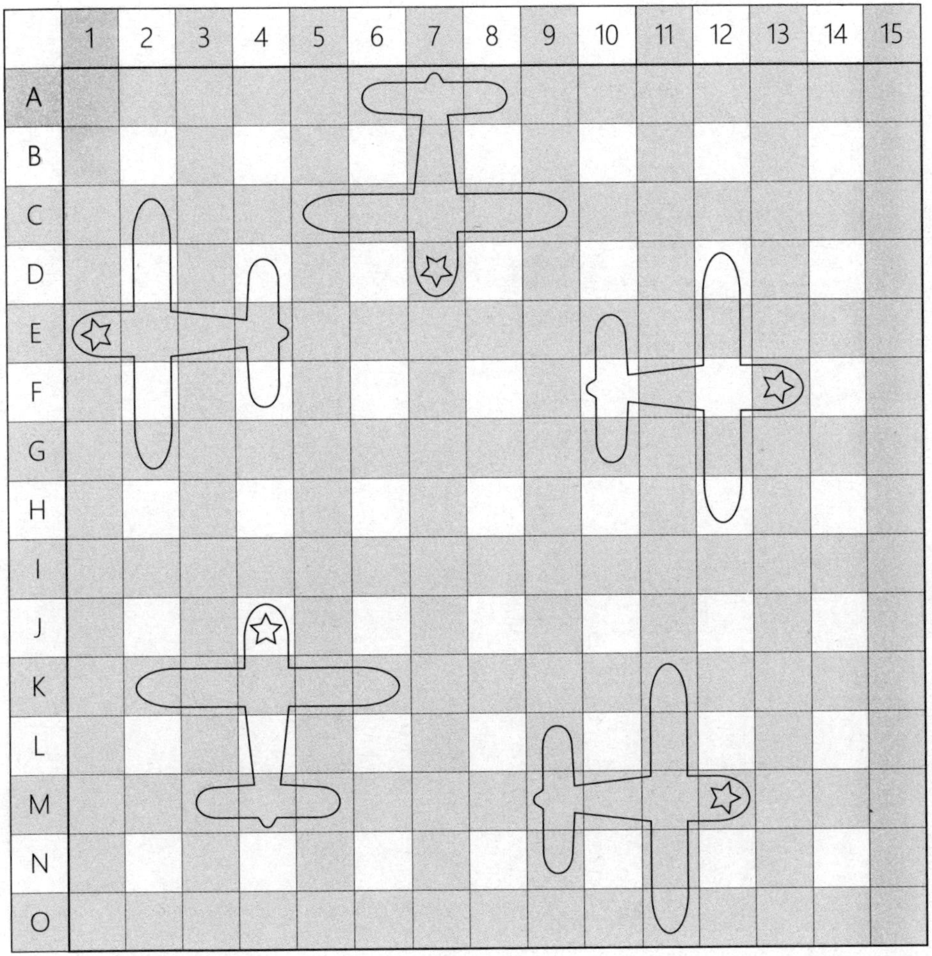

对手：________ **战果：**胜□ 负□ **用时：**________

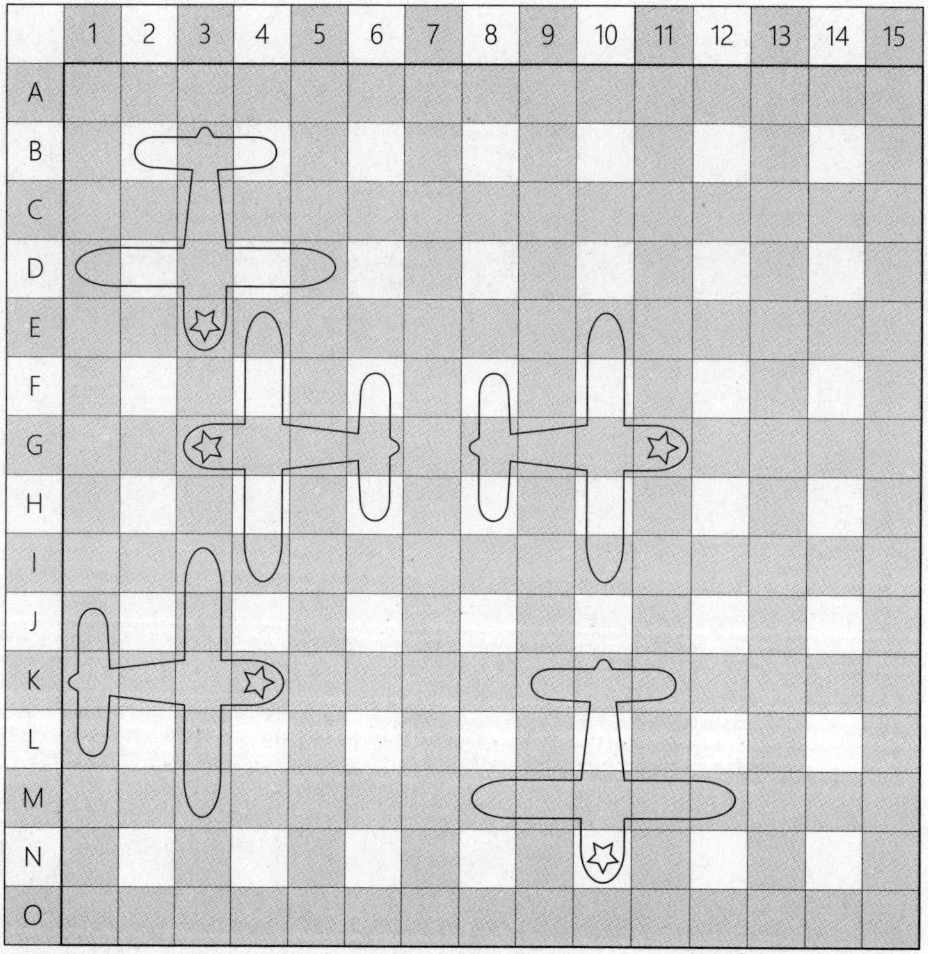

对手：__________ **战果：**胜☐ 负☐ **用时：**__________

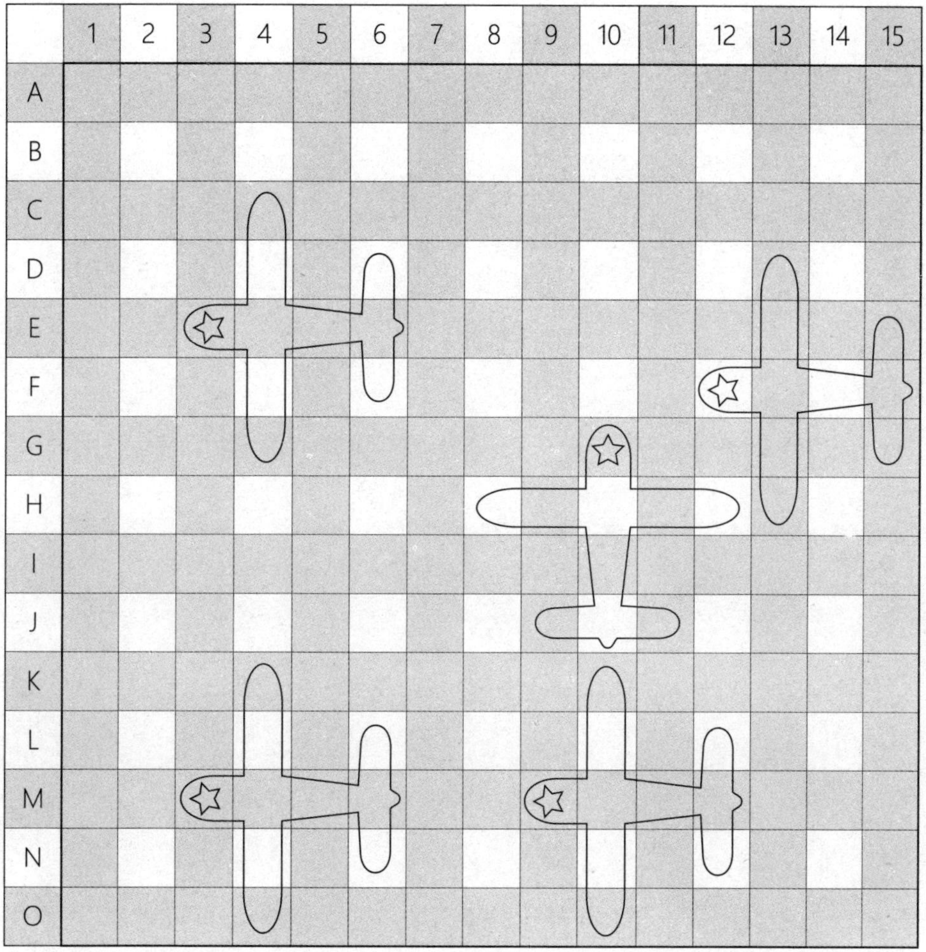

对手：＿＿＿＿＿　　**战果：**胜□ 负□　　**用时：**＿＿＿＿＿

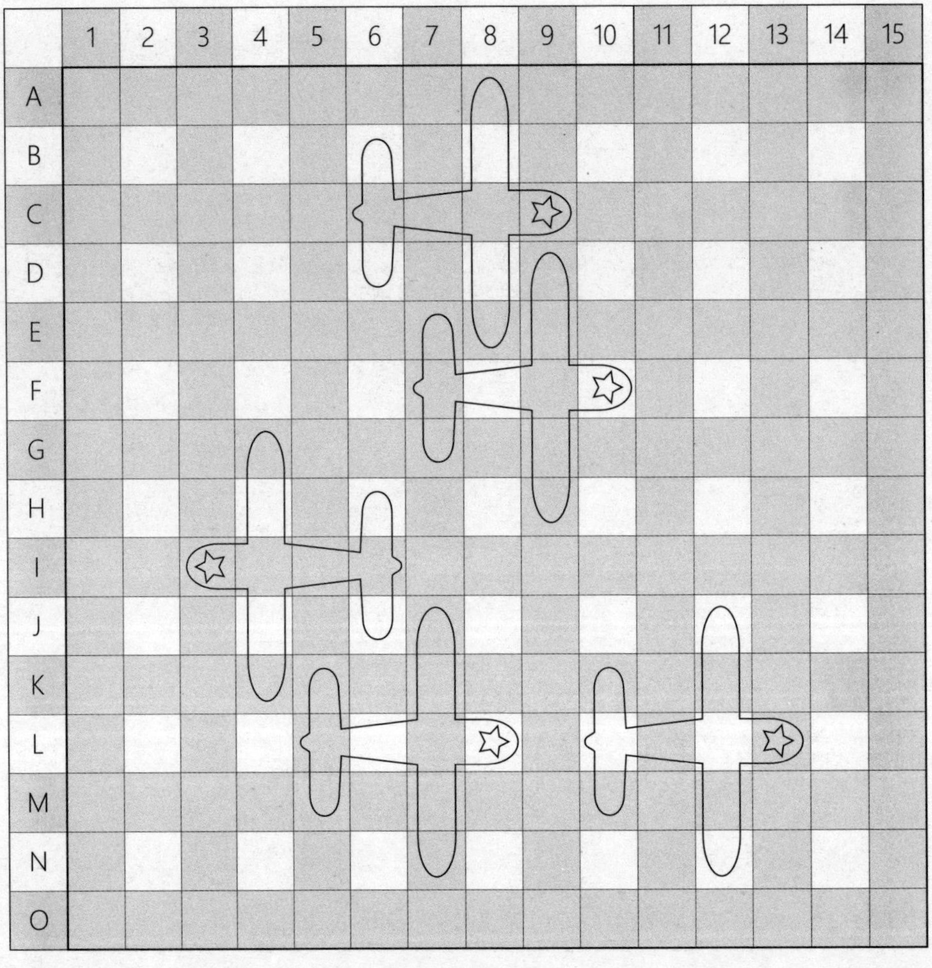

对手：__________ **战果：**胜□ 负□ **用时：**__________

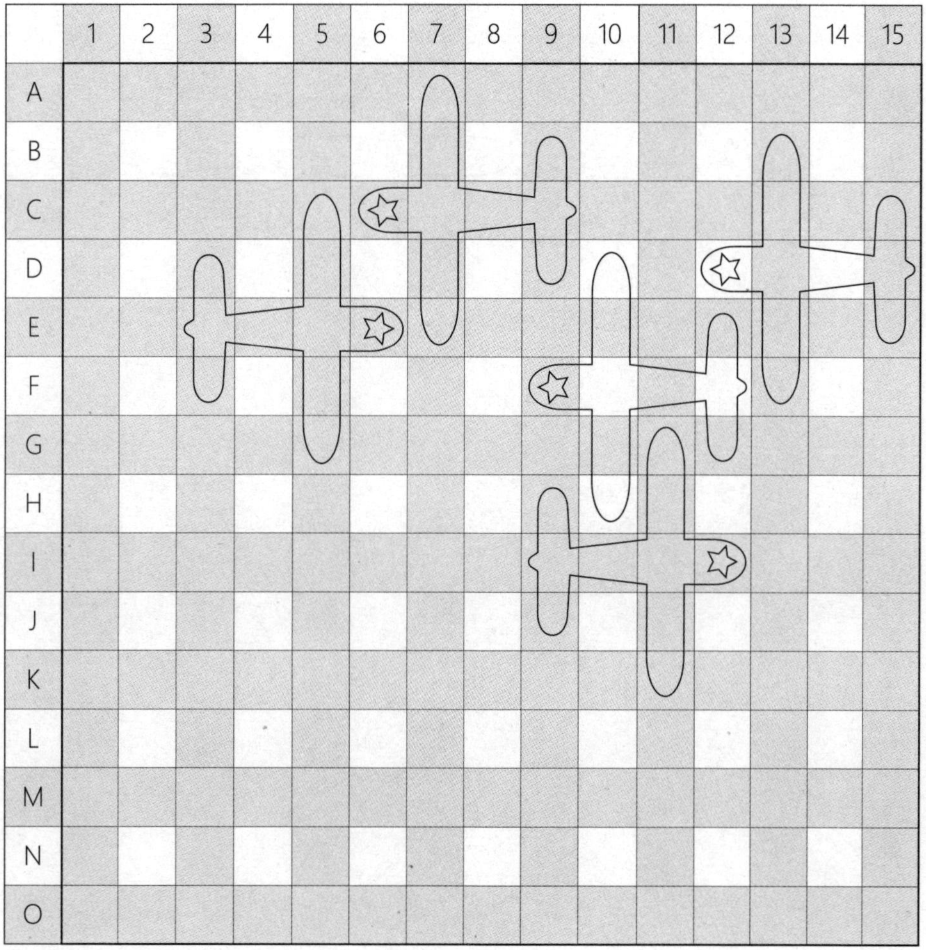

对手： ________ **战果：** 胜□ 负□ **用时：** ________

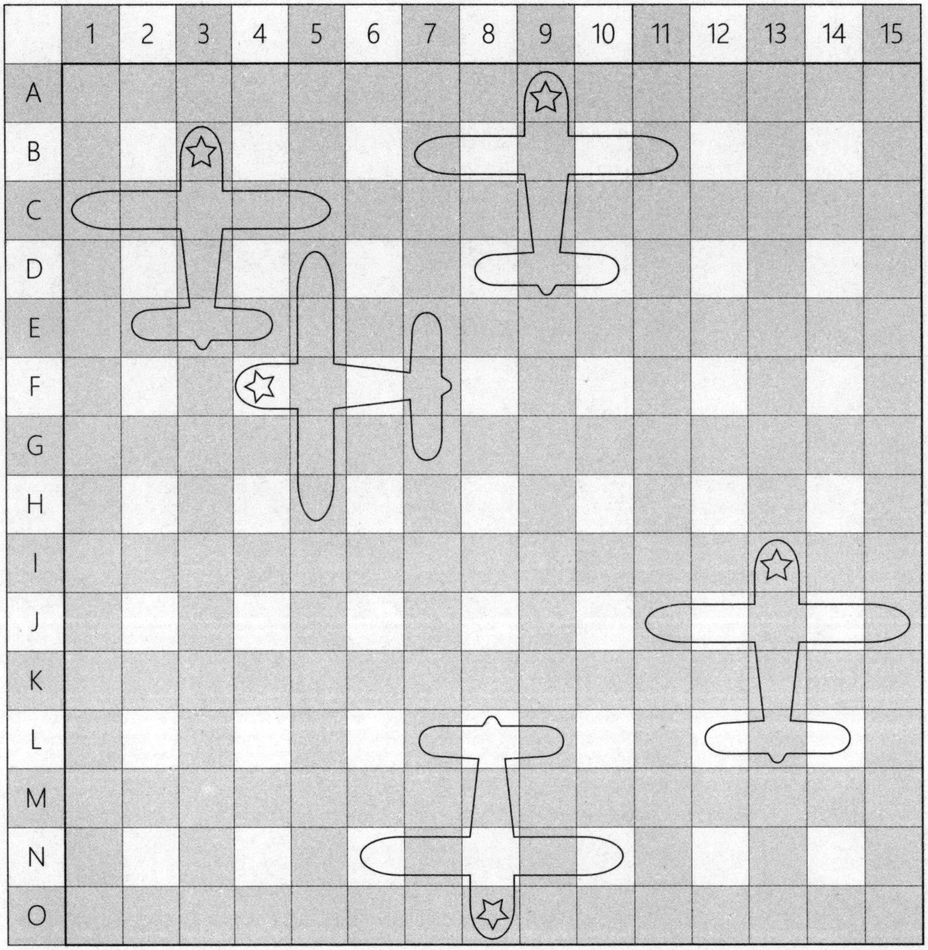

对手：________　　**战果：**胜□　负□　　**用时：**________

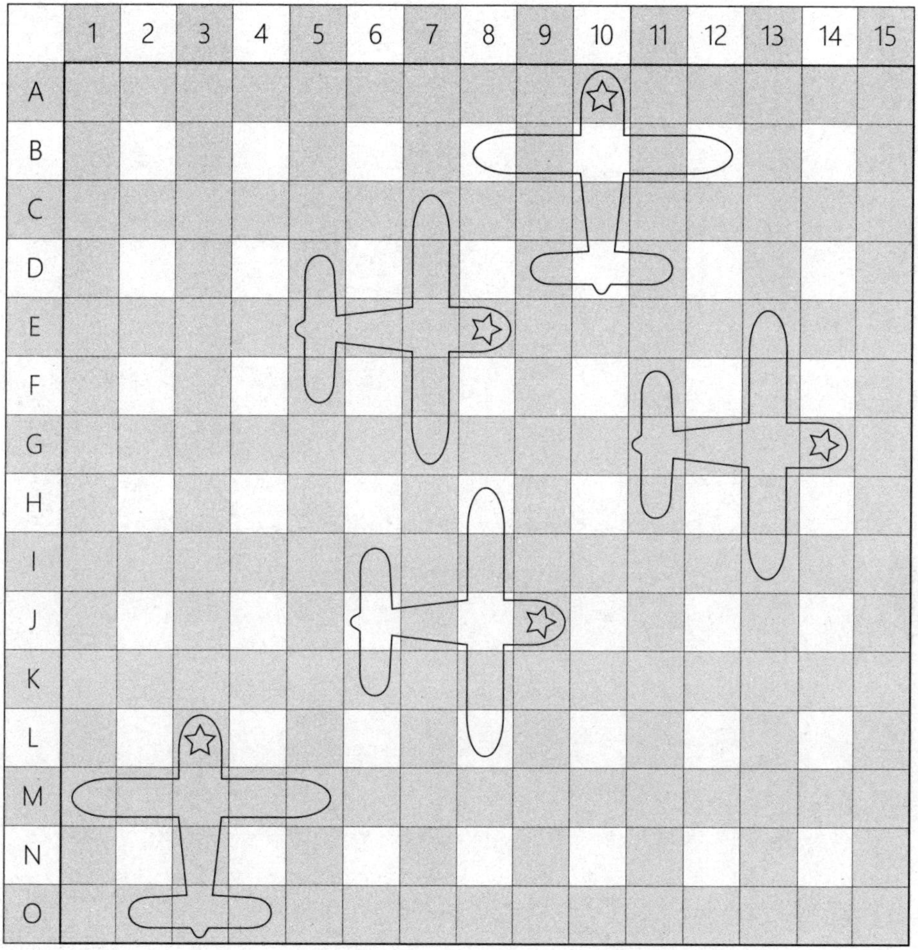

对手：________　　**战果：**胜□　负□　　**用时：**________

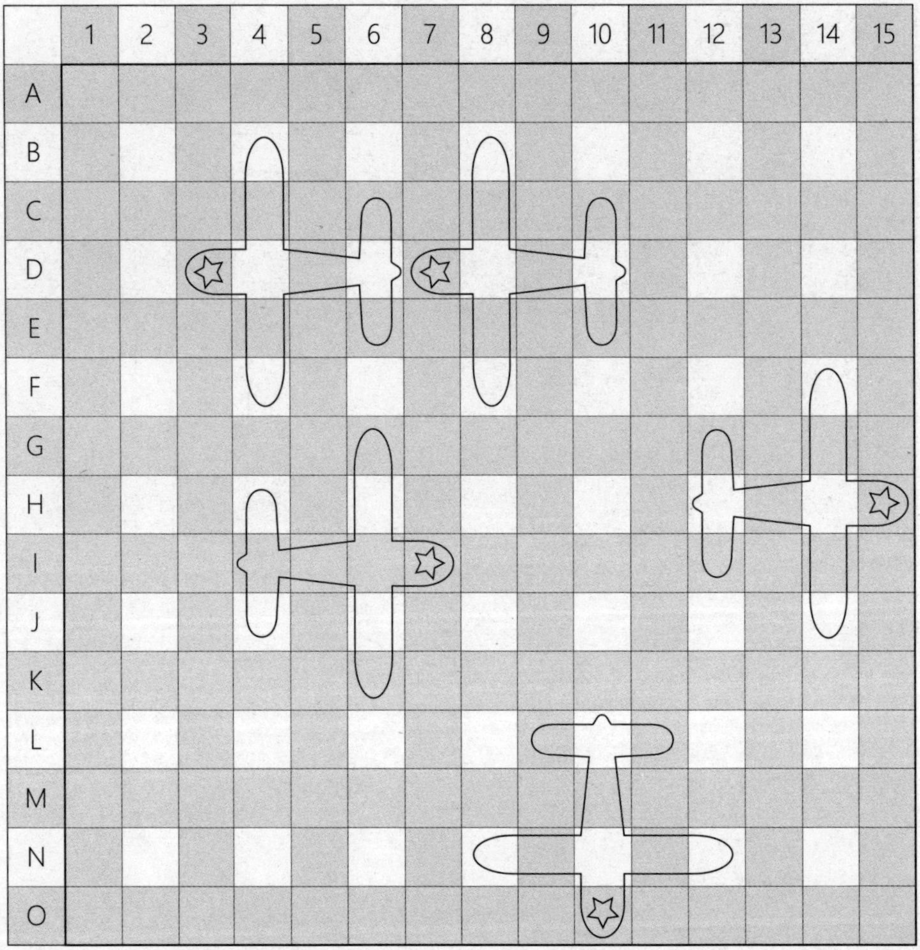

对手：__________ **战果：**胜□ 负□ **用时：**__________

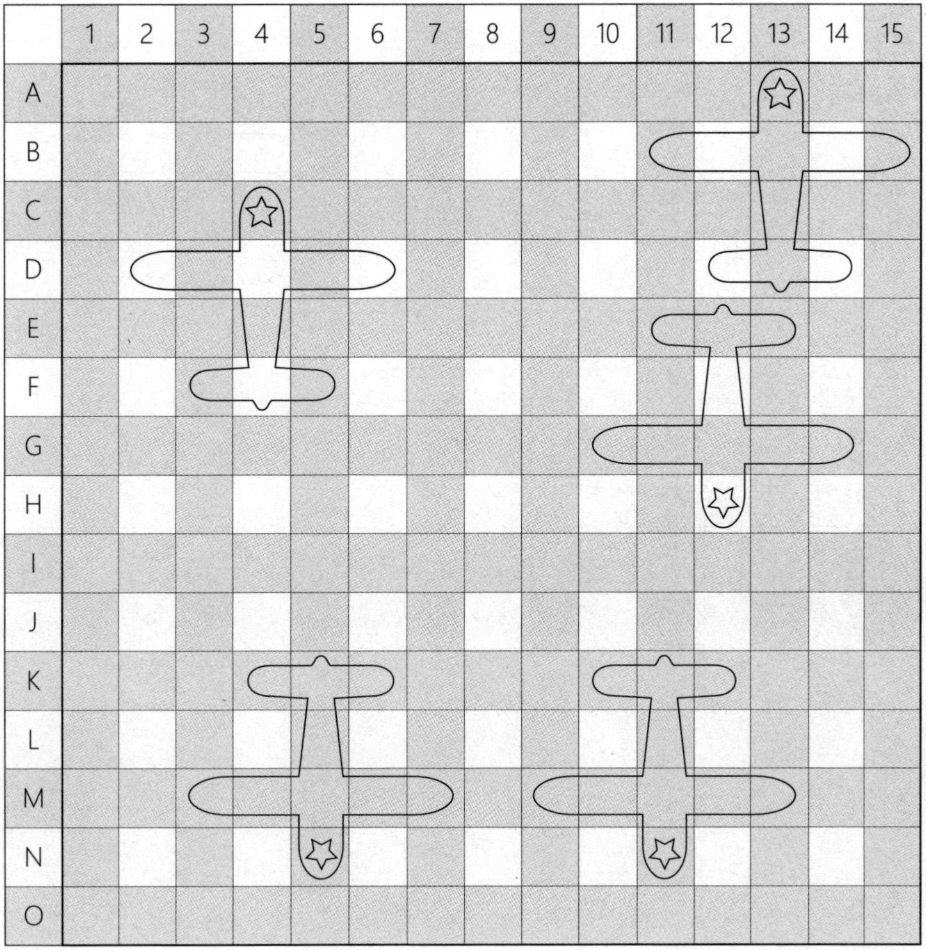

对手： ________　　**战果：**胜□　负□　　**用时：** ________

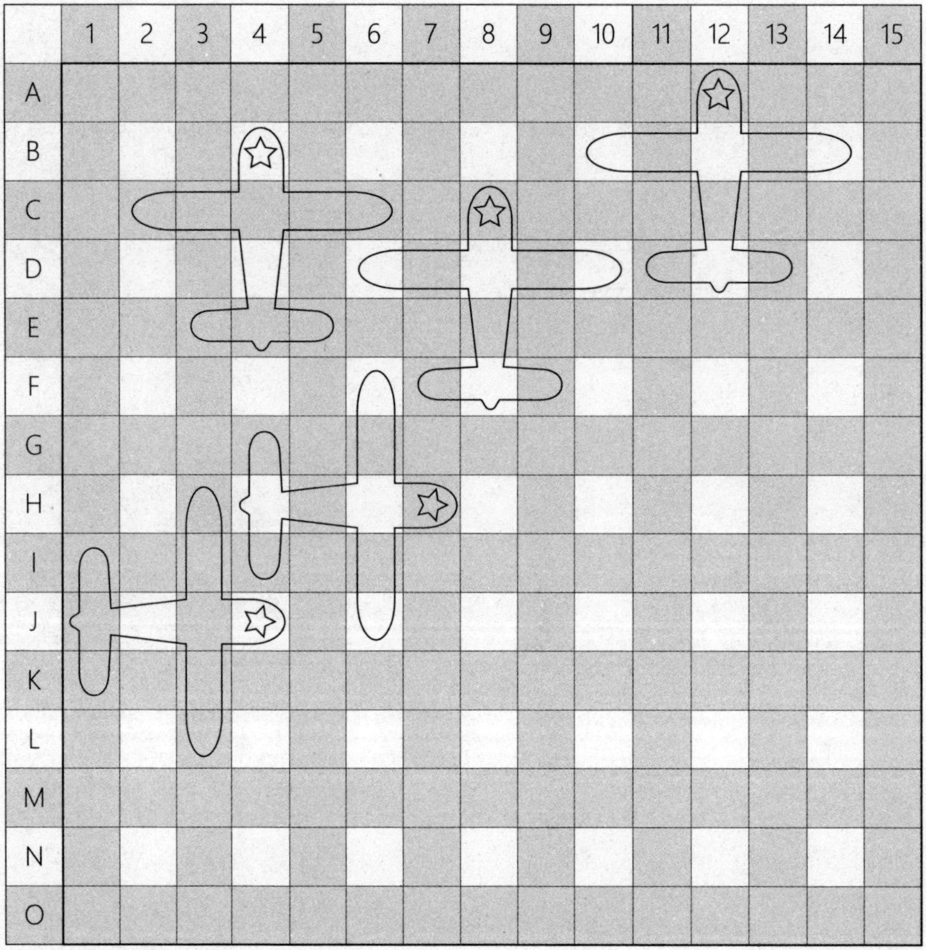

对手： ________　　　**战果：** 胜□　负□　　　**用时：** ________

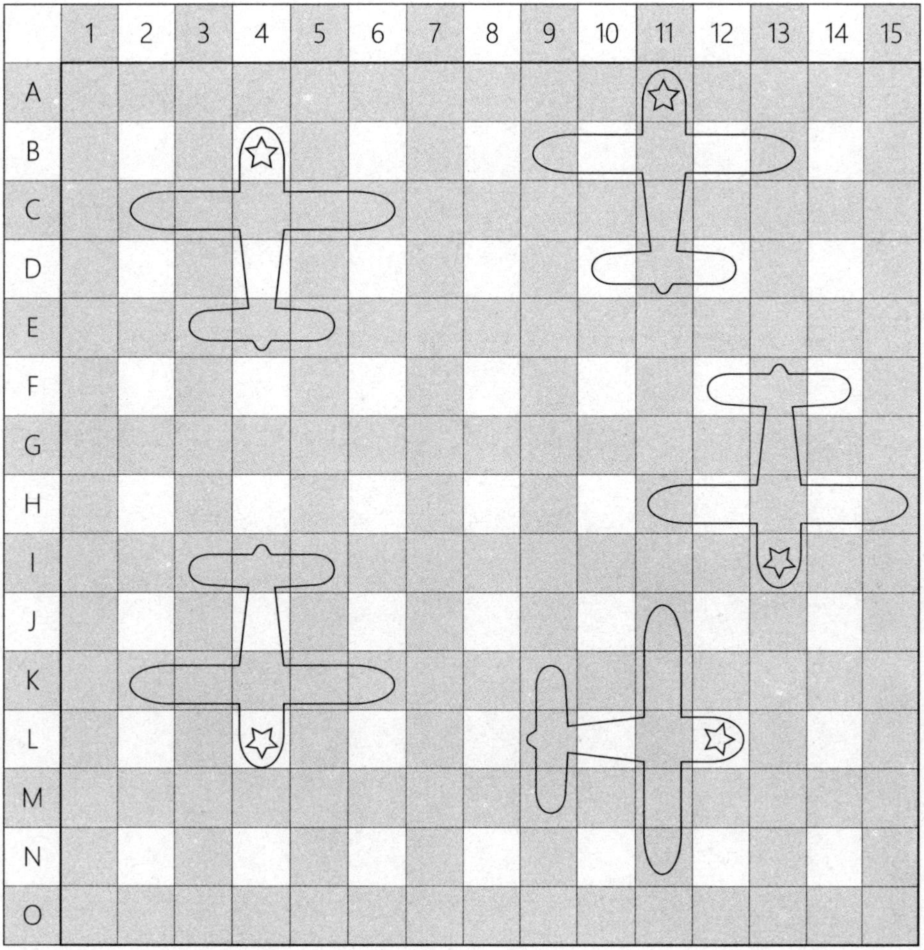

对手： ________　　**战果：** 胜□　负□　　**用时：** ________

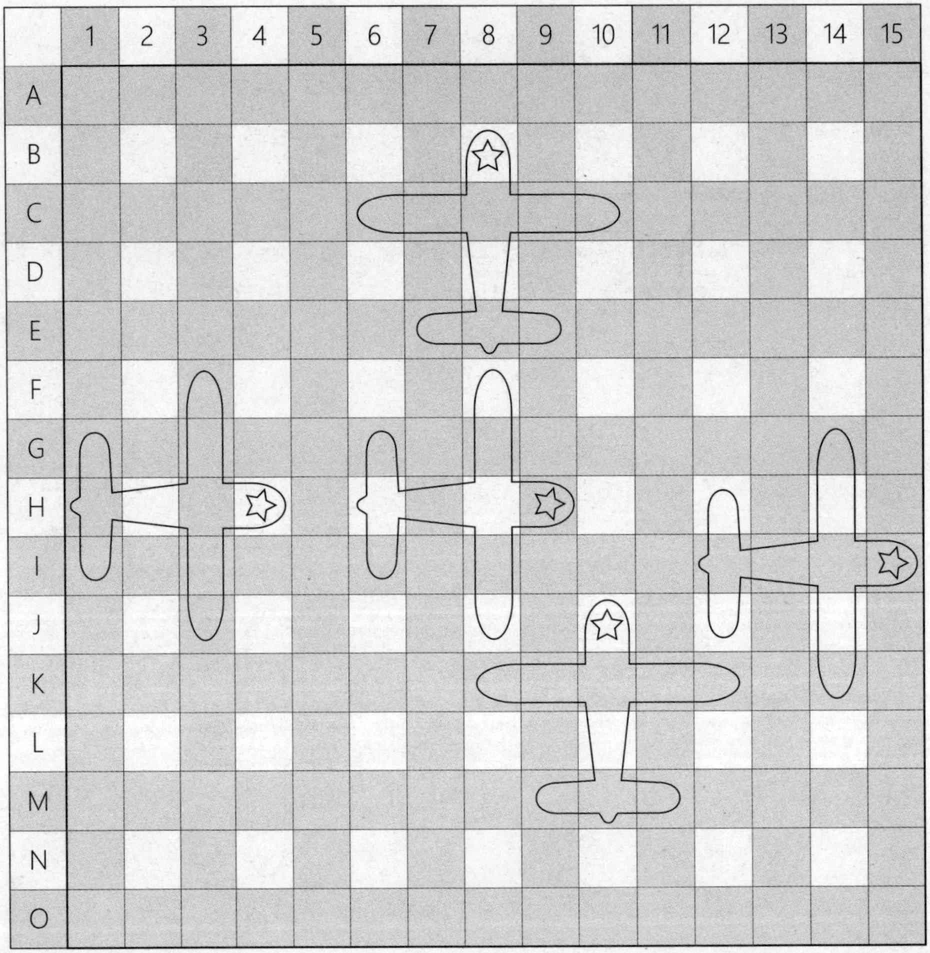

高级战区

难度：★★★★★

本区均为20×20格表格，战机7架，难度很高，适合高级玩家进行对战。

对手：________ **战果：**胜□ 负□ **用时：**________

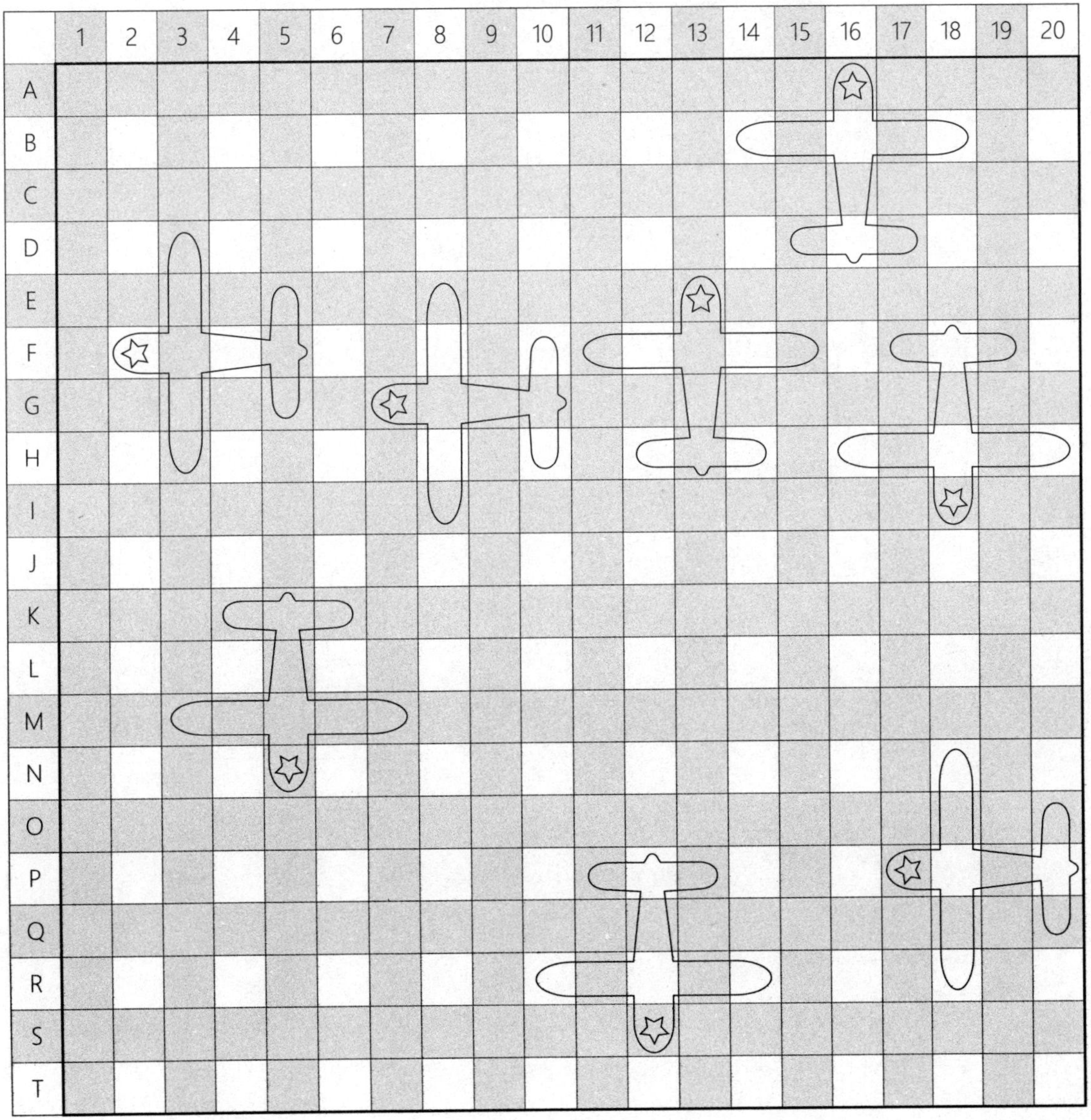
1 2 3 4 5 6 7 8 9 10 11 12 13 14 15 16 17 18 19 20
A B C D E F G H I J K L M N O P Q R S T

对手：________ **战果：**胜□ 负□ **用时：**________

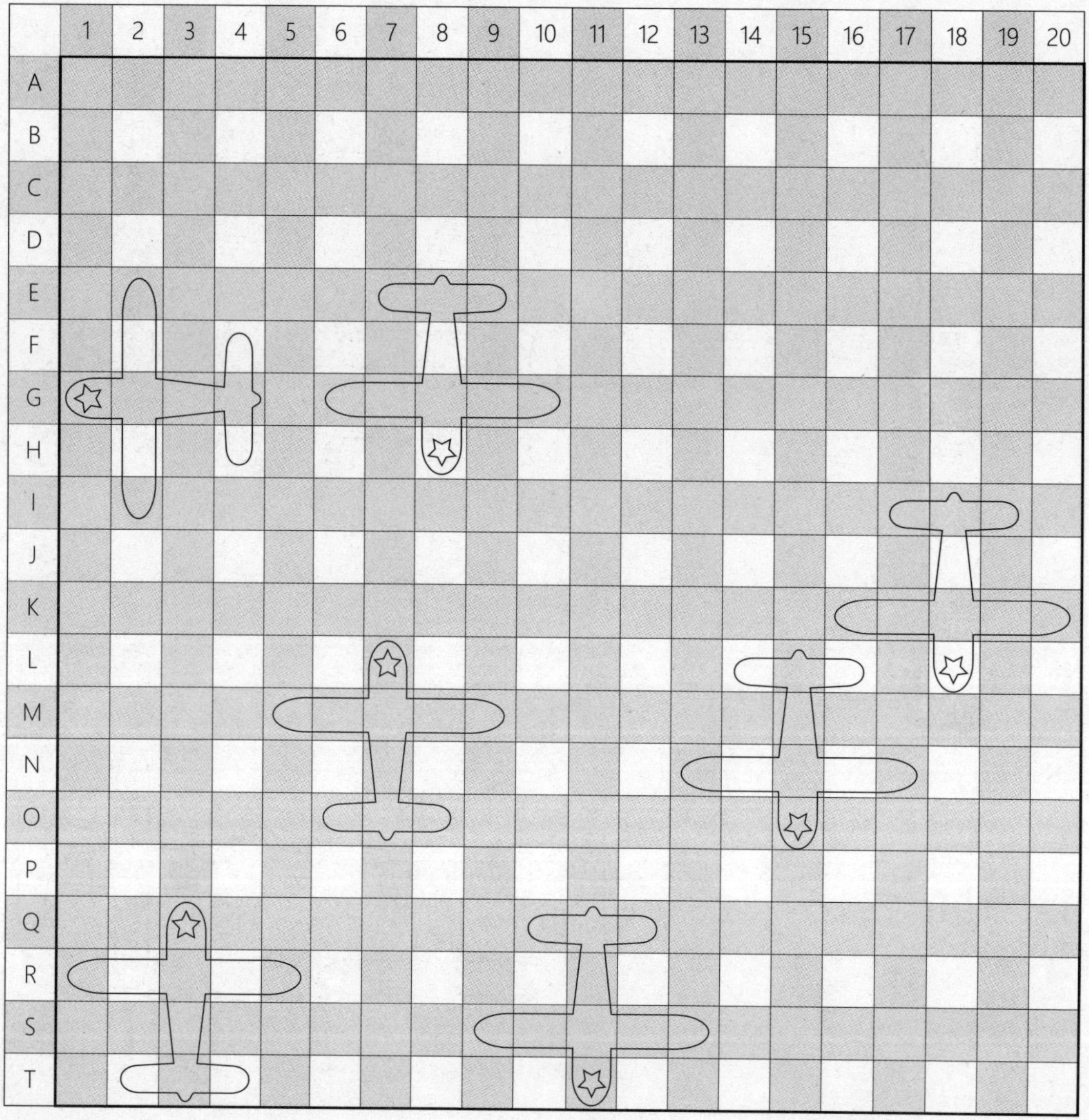
1 2 3 4 5 6 7 8 9 10 11 12 13 14 15 16 17 18 19 20
A B C D E F G H I J K L M N O P Q R S T

对手：__________ **战果：**胜□ 负□ **用时：**__________

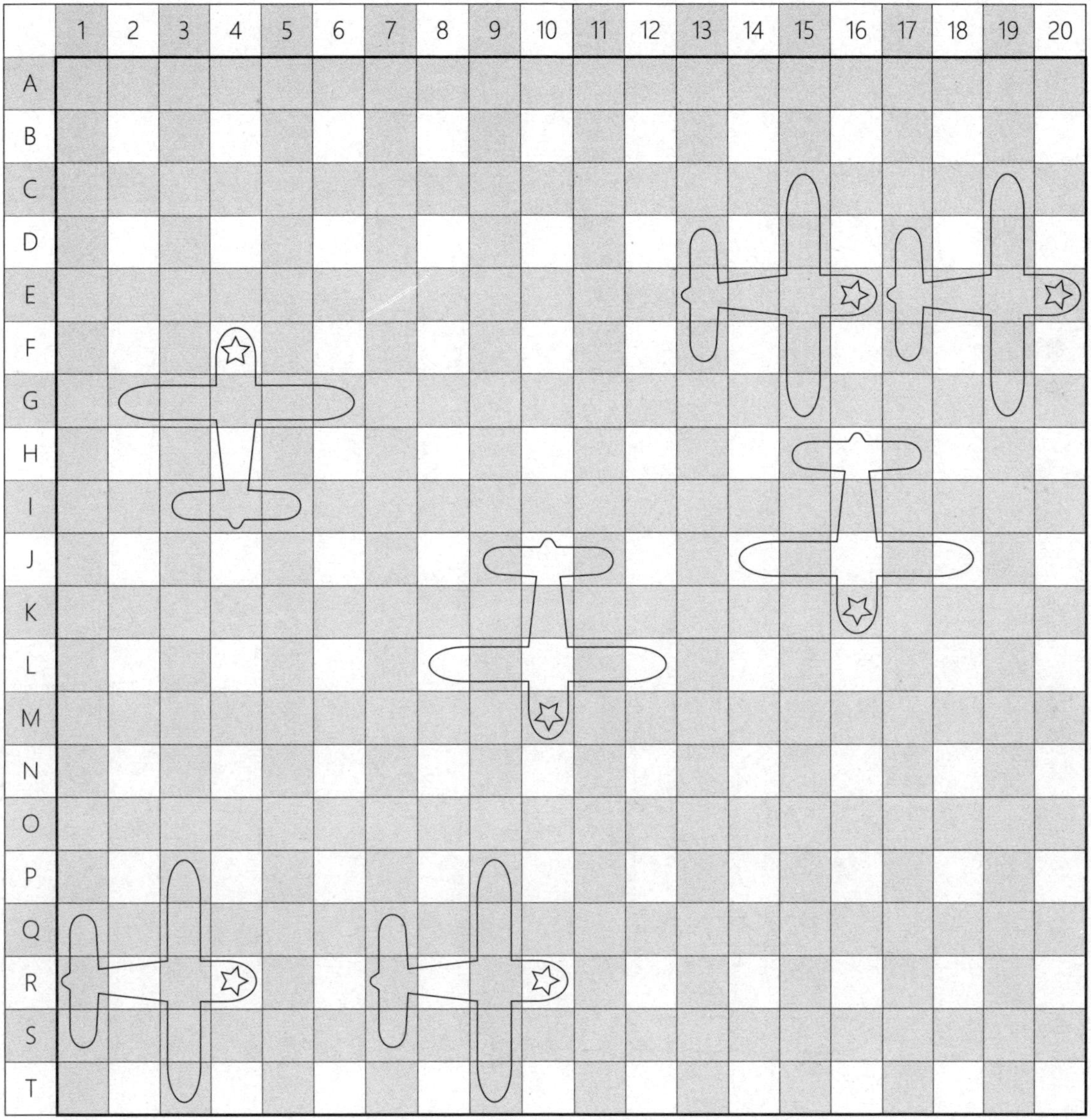
1
2
3
4
5
6
7
8
9
10
11
12
13
14
15
16
17
18
19
20
A
B
C
D
E
F
G
H
I
J
K
L
M
N
O
P
Q
R
S
T

对手：________　　战果：胜□　负□　　用时：________

1 2 3 4 5 6 7 8 9 10 11 12 13 14 15 16 17 18 19 20
A B C D E F G H I J K L M N O P Q R S T

对手：________　　战果：胜□　负□　　用时：________

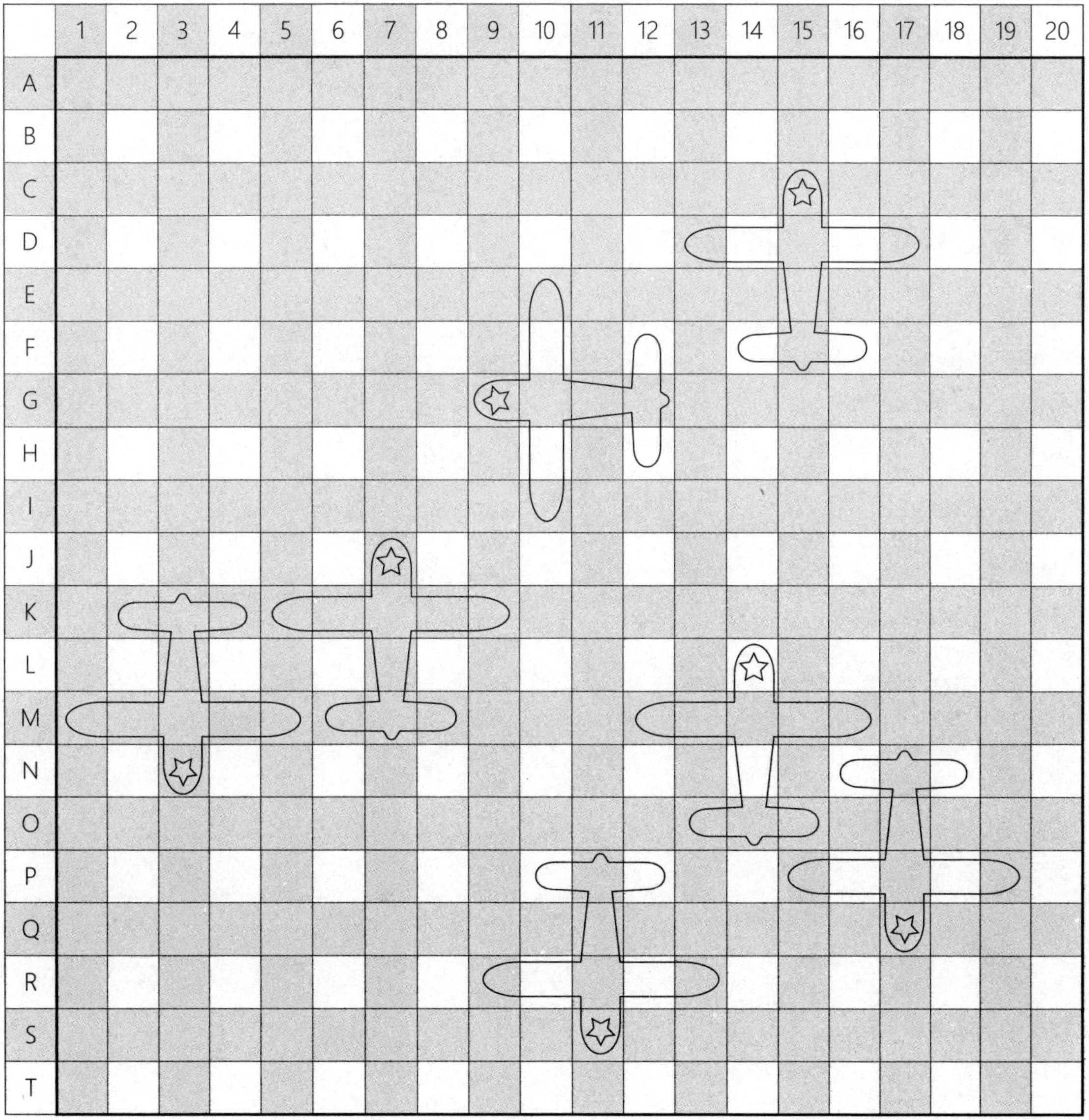

对手：________ 战果：胜□ 负□ 用时：________

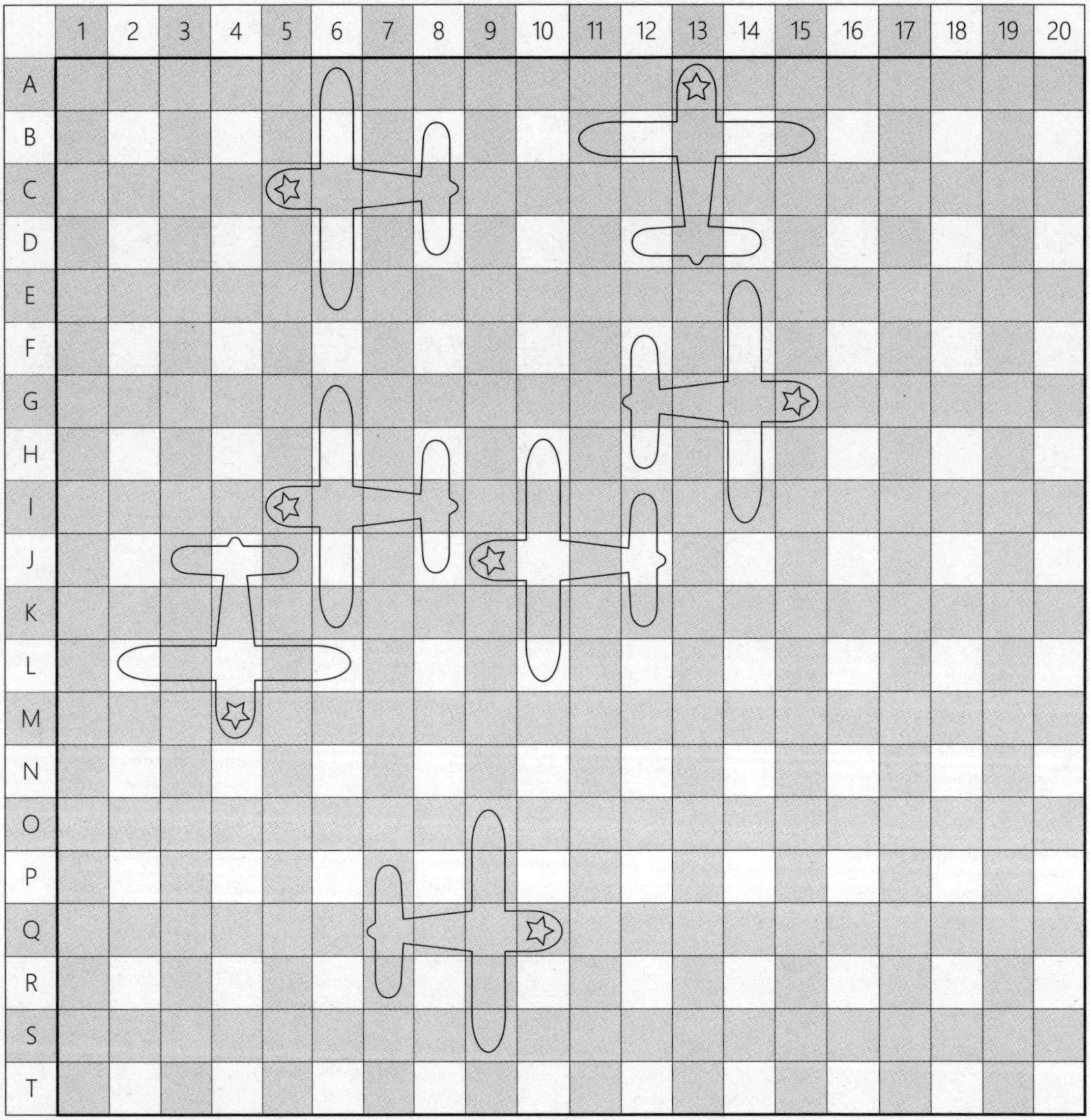
1 2 3 4 5 6 7 8 9 10 11 12 13 14 15 16 17 18 19 20
A B C D E F G H I J K L M N O P Q R S T

对手：__________ **战果：**胜□ 负□ **用时：**__________

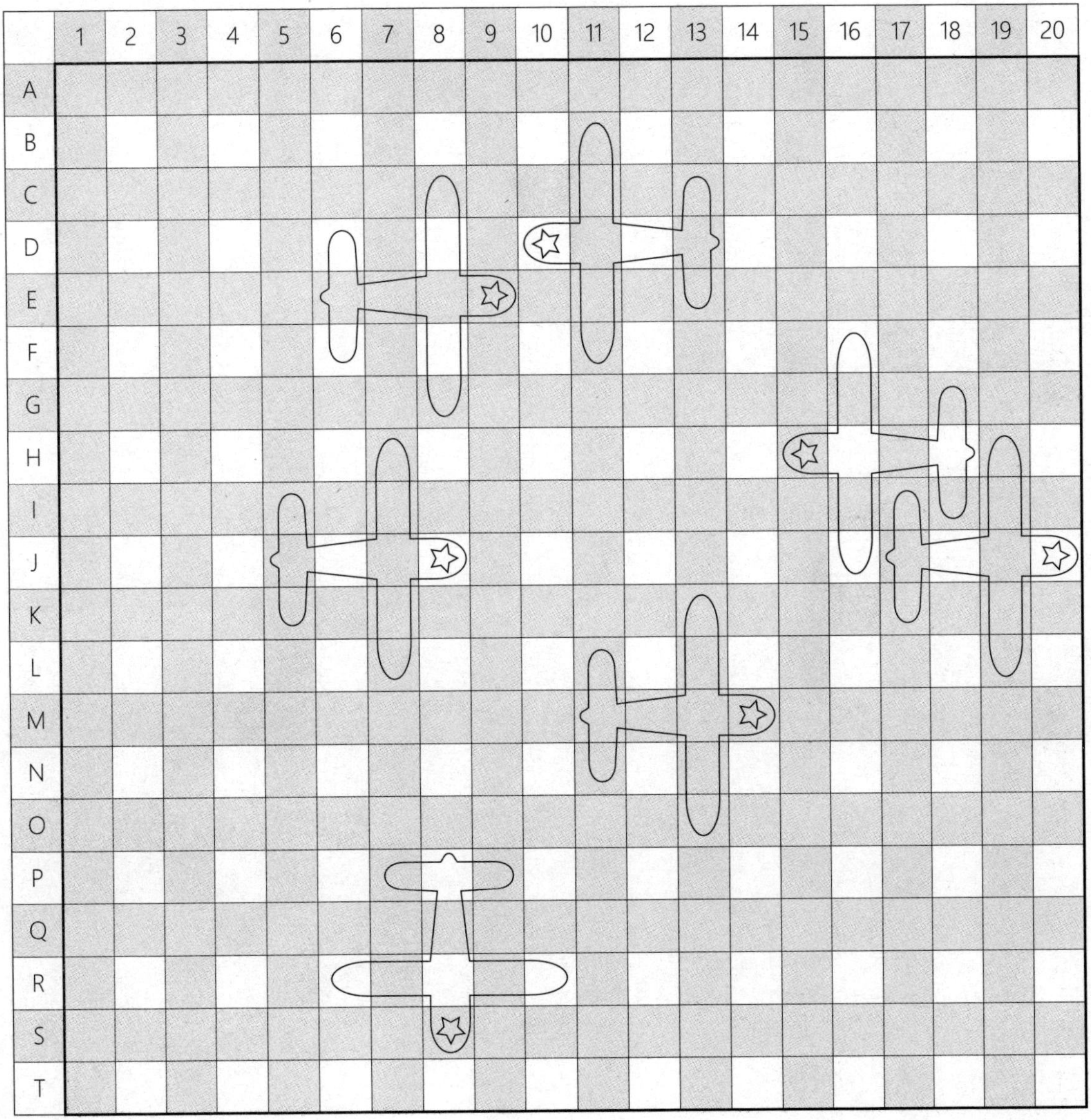
1 2 3 4 5 6 7 8 9 10 11 12 13 14 15 16 17 18 19 20
A B C D E F G H I J K L M N O P Q R S T

对手： ________ **战果：** 胜□ 负□ **用时：** ________

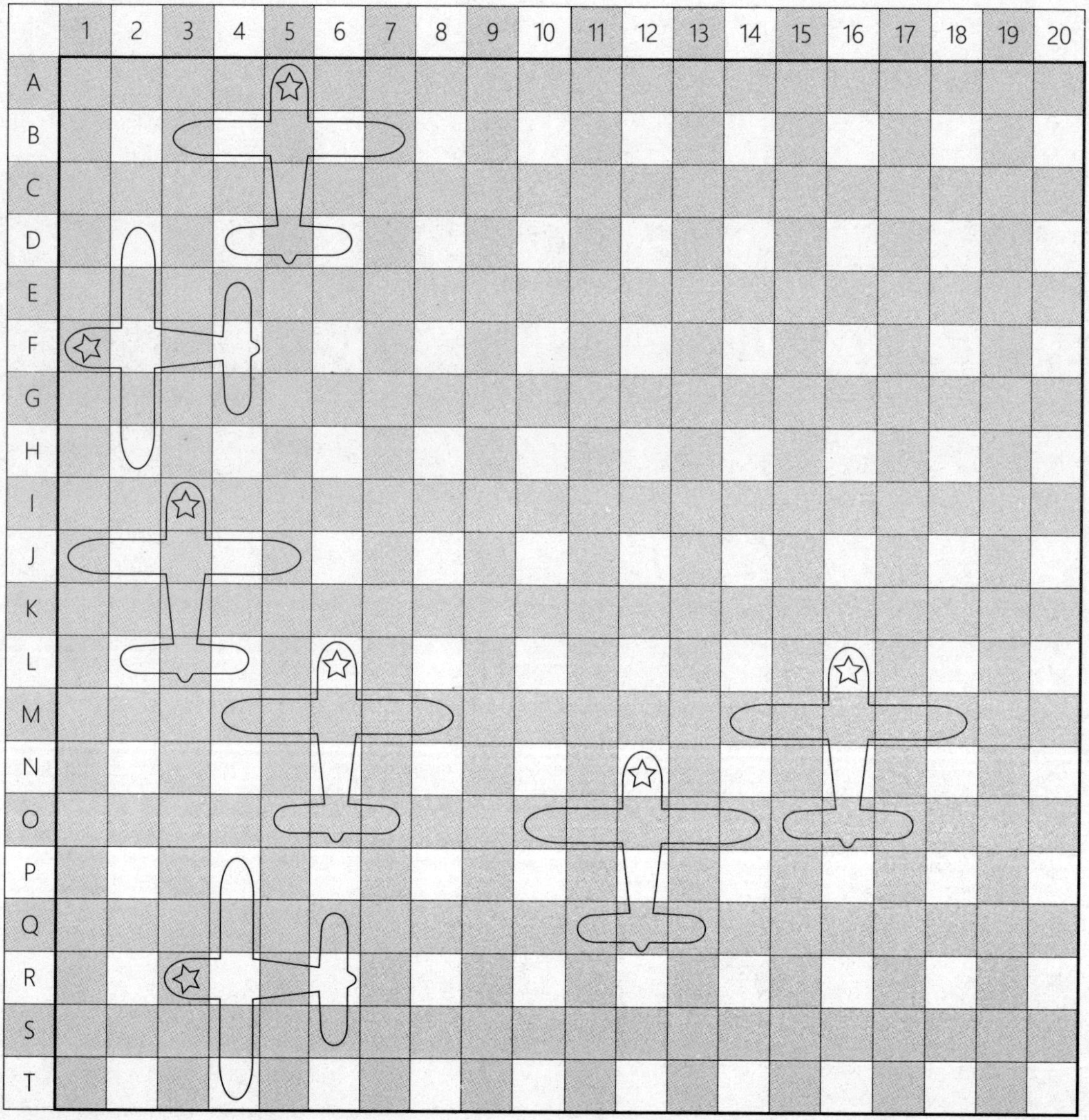
1 2 3 4 5 6 7 8 9 10 11 12 13 14 15 16 17 18 19 20
A B C D E F G H I J K L M N O P Q R S T

对手：__________ **战果：**胜□ 负□ **用时：**__________

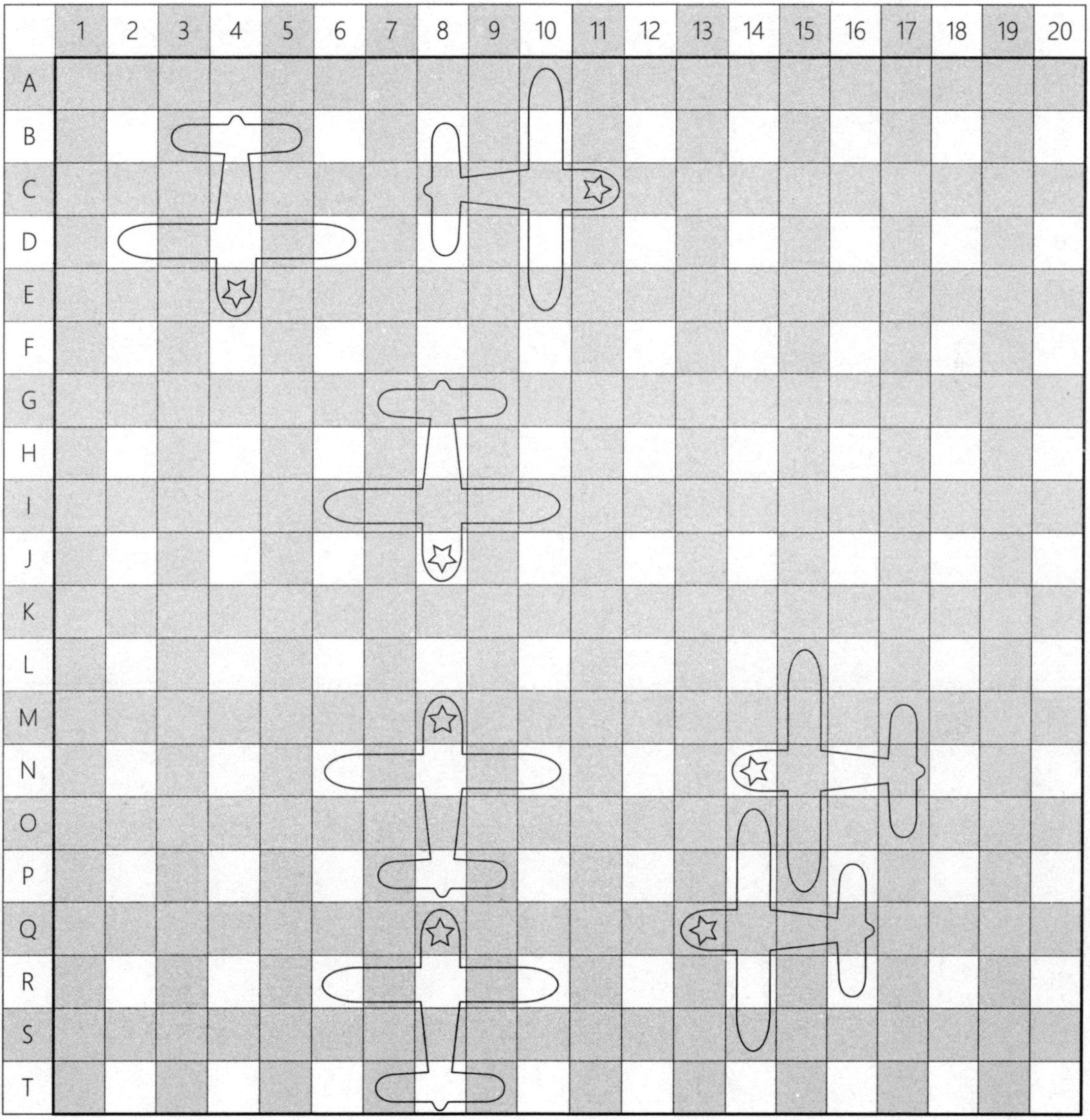

1 2 3 4 5 6 7 8 9 10 11 12 13 14 15 16 17 18 19 20
A B C D E F G H I J K L M N O P Q R S T

对手：________　　战果：胜□　负□　　用时：________

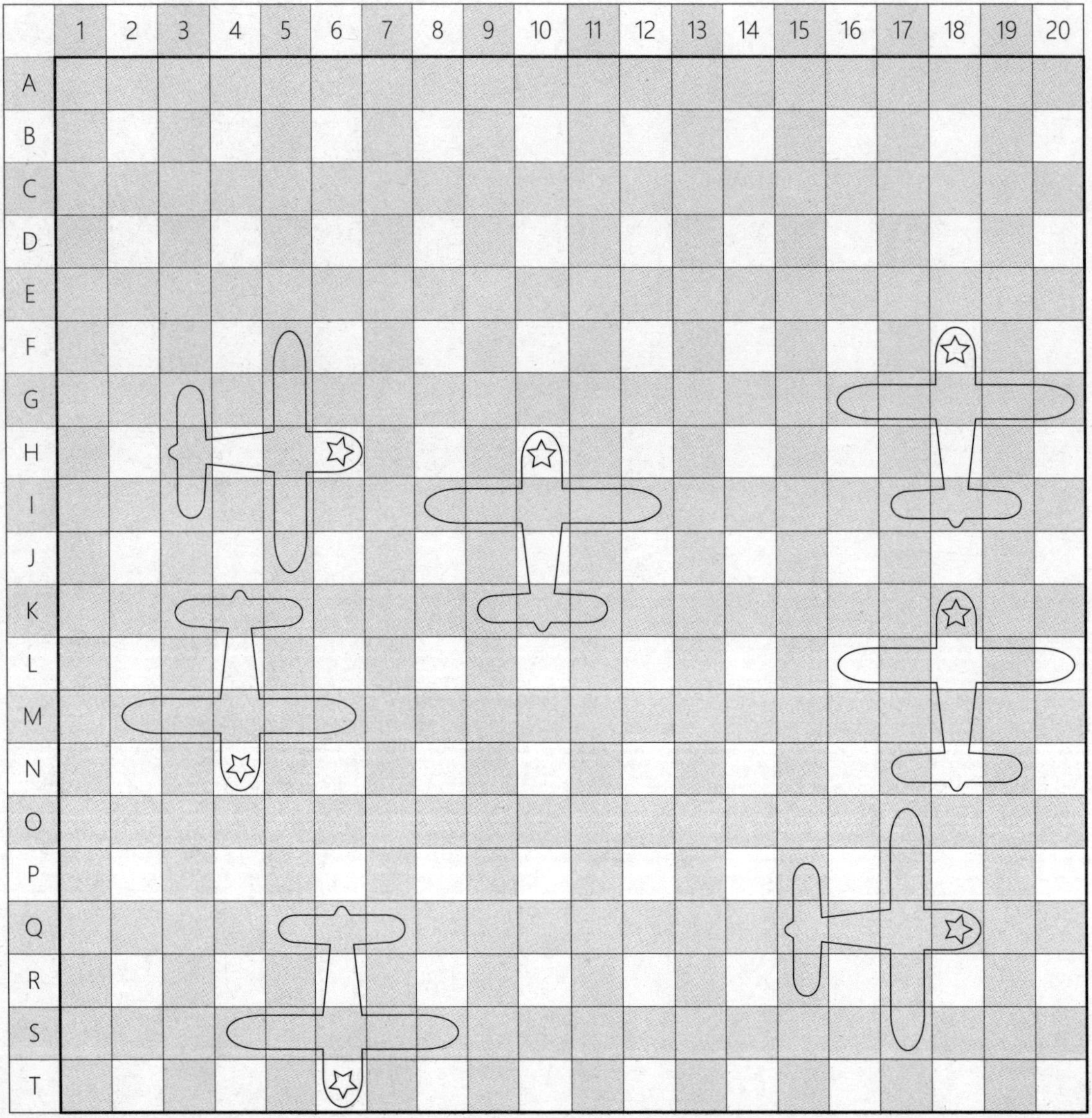

1 2 3 4 5 6 7 8 9 10 11 12 13 14 15 16 17 18 19 20
A B C D E F G H I J K L M N O P Q R S T

对手：________　　**战果：**胜□ 负□　　**用时：**________

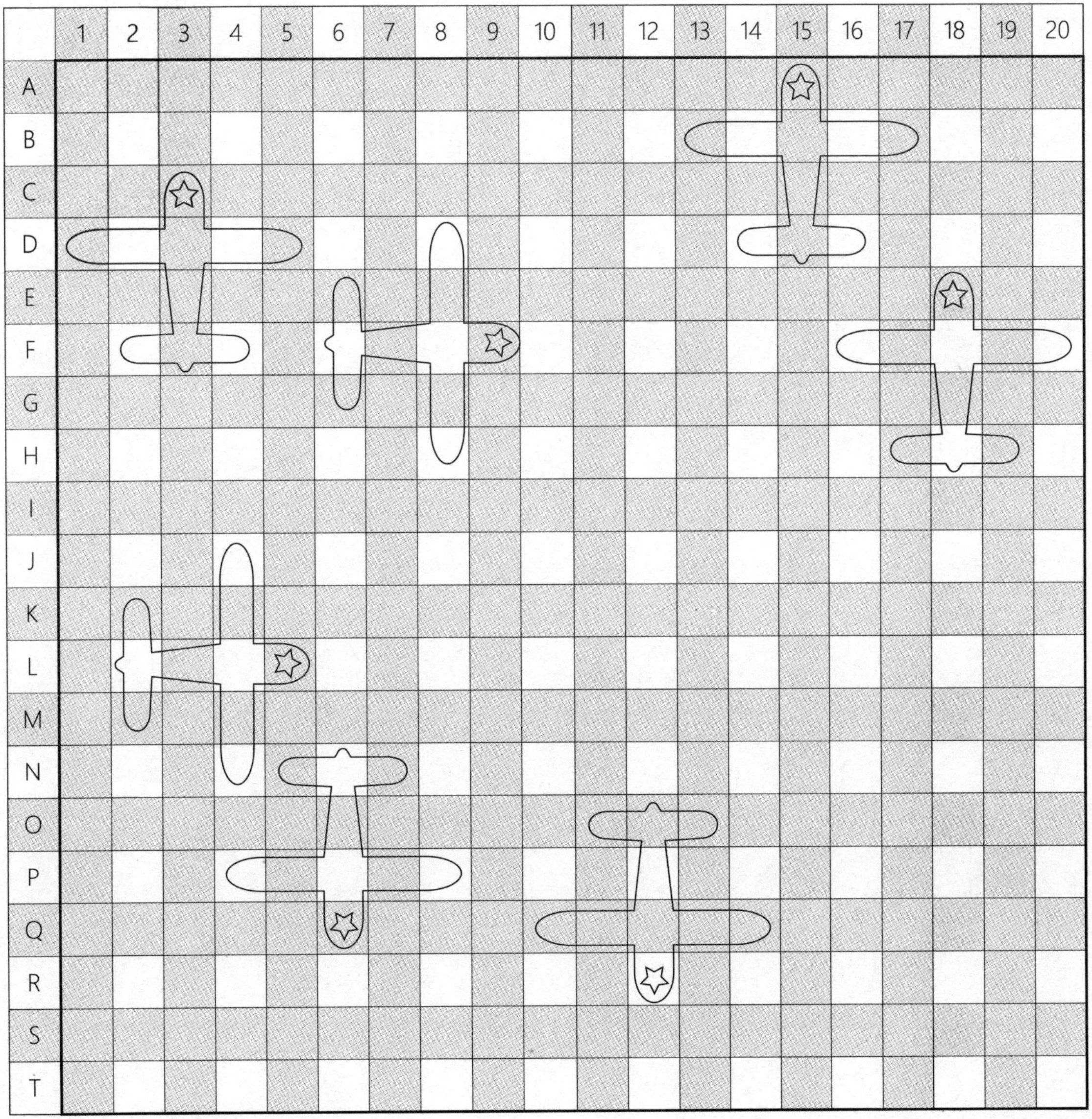
1 2 3 4 5 6 7 8 9 10 11 12 13 14 15 16 17 18 19 20
A B C D E F G H I J K L M N O P Q R S T

对手：________　　战果：胜□　负□　　用时：________

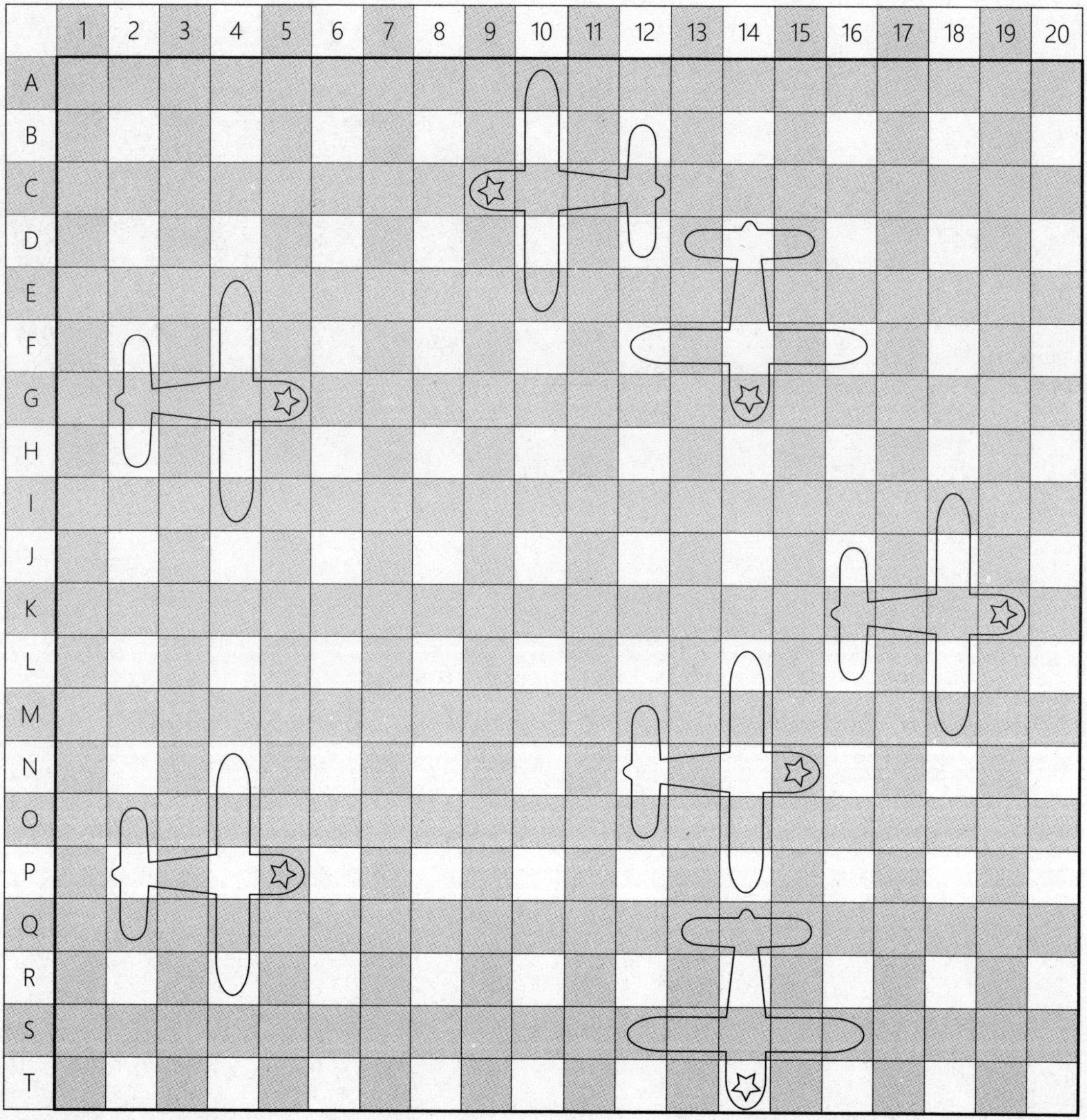
1 2 3 4 5 6 7 8 9 10 11 12 13 14 15 16 17 18 19 20
A B C D E F G H I J K L M N O P Q R S T

对手：__________ **战果：**胜□ 负□ **用时：**__________

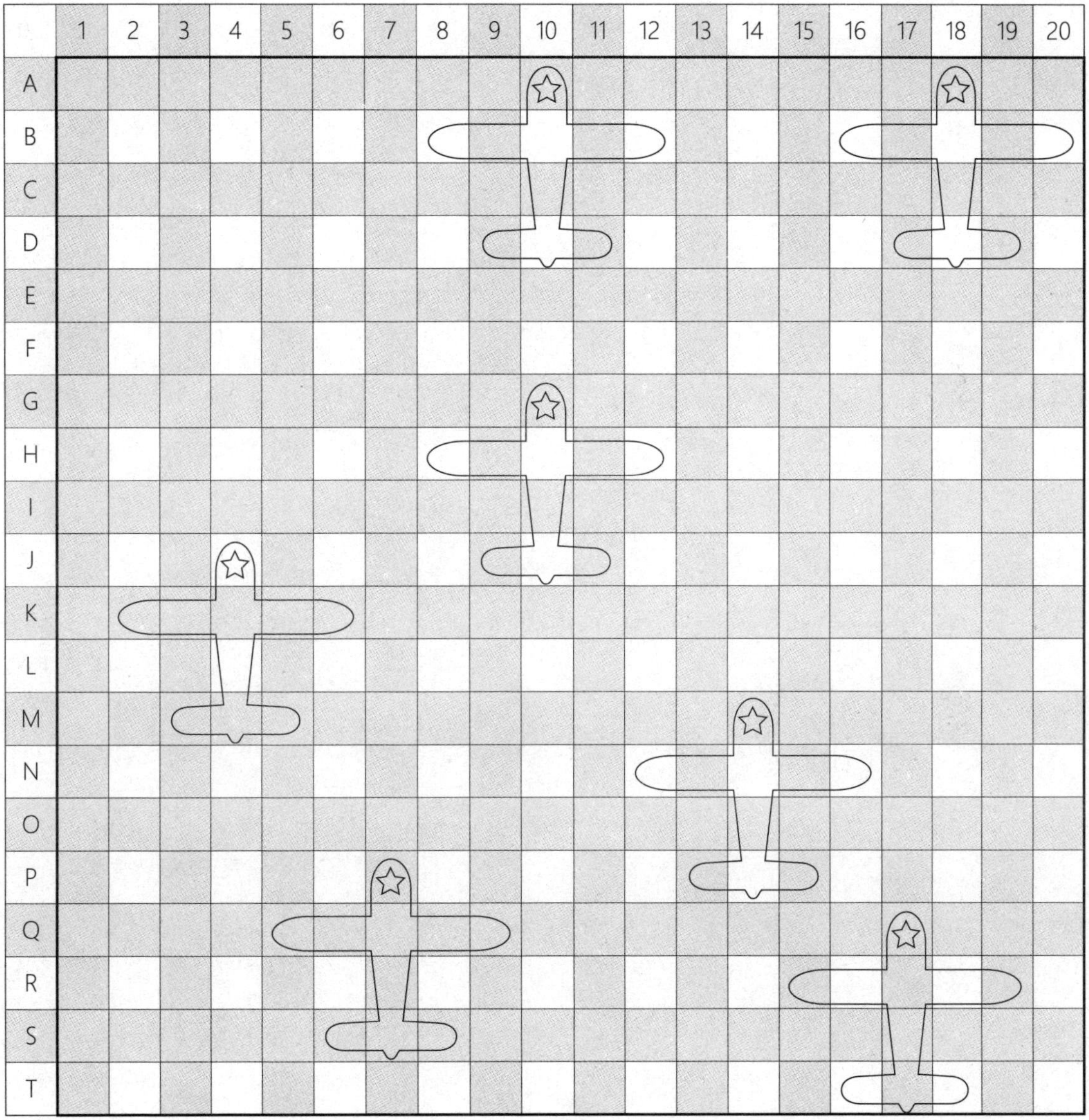
1 2 3 4 5 6 7 8 9 10 11 12 13 14 15 16 17 18 19 20
A B C D E F G H I J K L M N O P Q R S T

对手： ________　　**战果：** 胜□　负□　　**用时：** ________

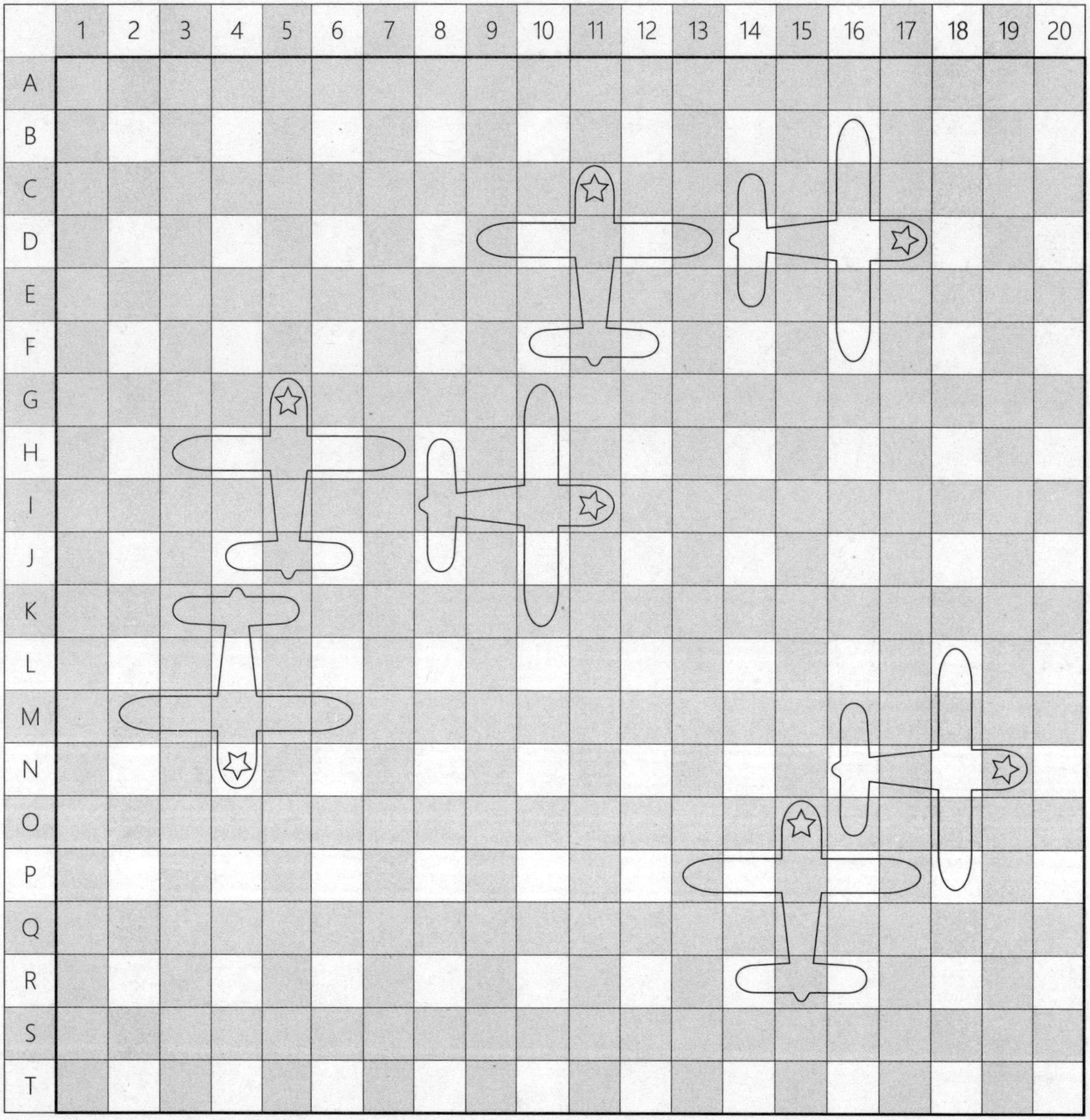
1 2 3 4 5 6 7 8 9 10 11 12 13 14 15 16 17 18 19 20
A B C D E F G H I J K L M N O P Q R S T

对手：________ 战果：胜□ 负□ 用时：________

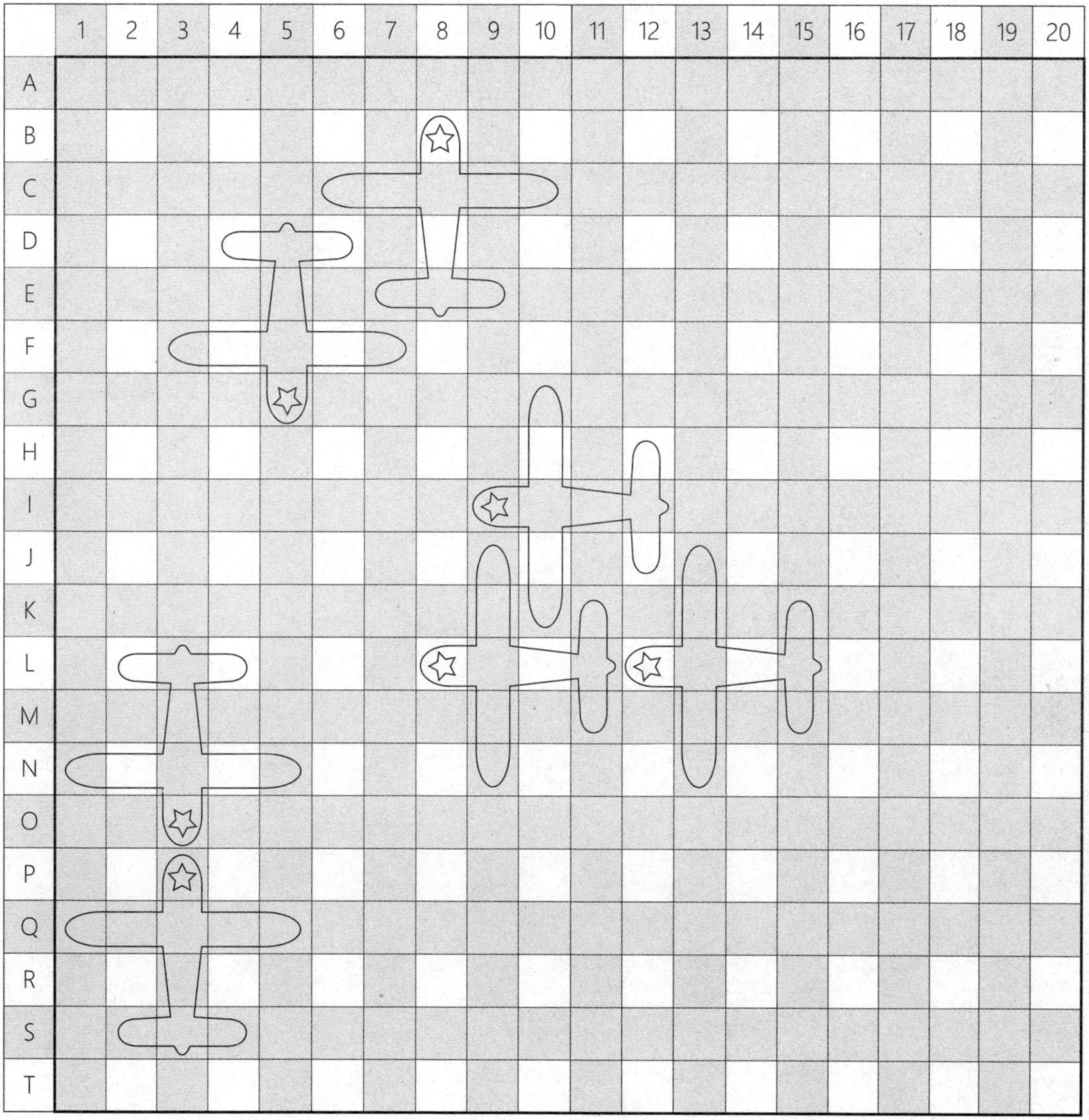
1 2 3 4 5 6 7 8 9 10 11 12 13 14 15 16 17 18 19 20
A B C D E F G H I J K L M N O P Q R S T

对手：________ 战果：胜□ 负□ 用时：________

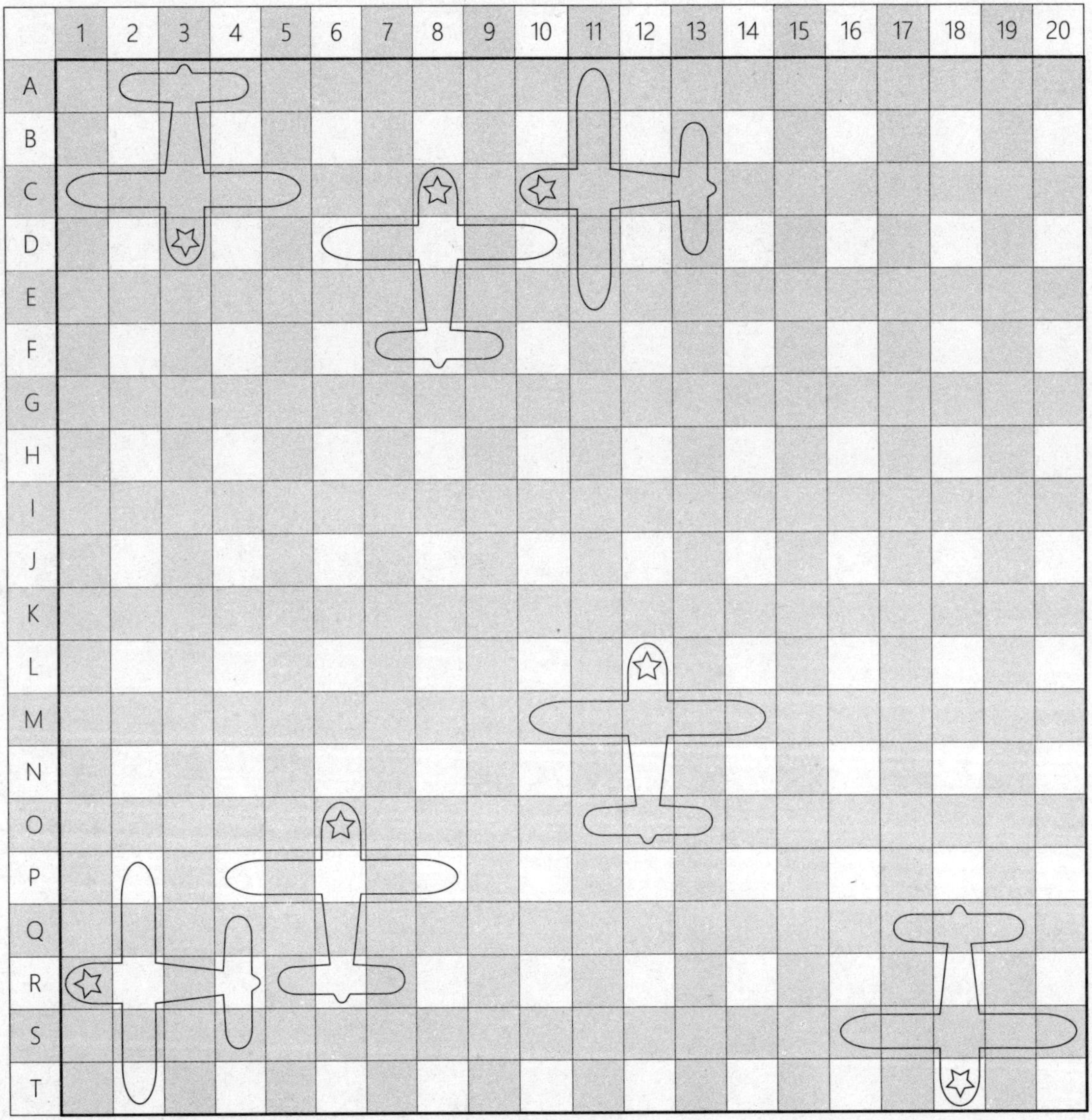
1 2 3 4 5 6 7 8 9 10 11 12 13 14 15 16 17 18 19 20
A B C D E F G H I J K L M N O P Q R S T

对手：________　　**战果：**胜□　负□　　**用时：**________

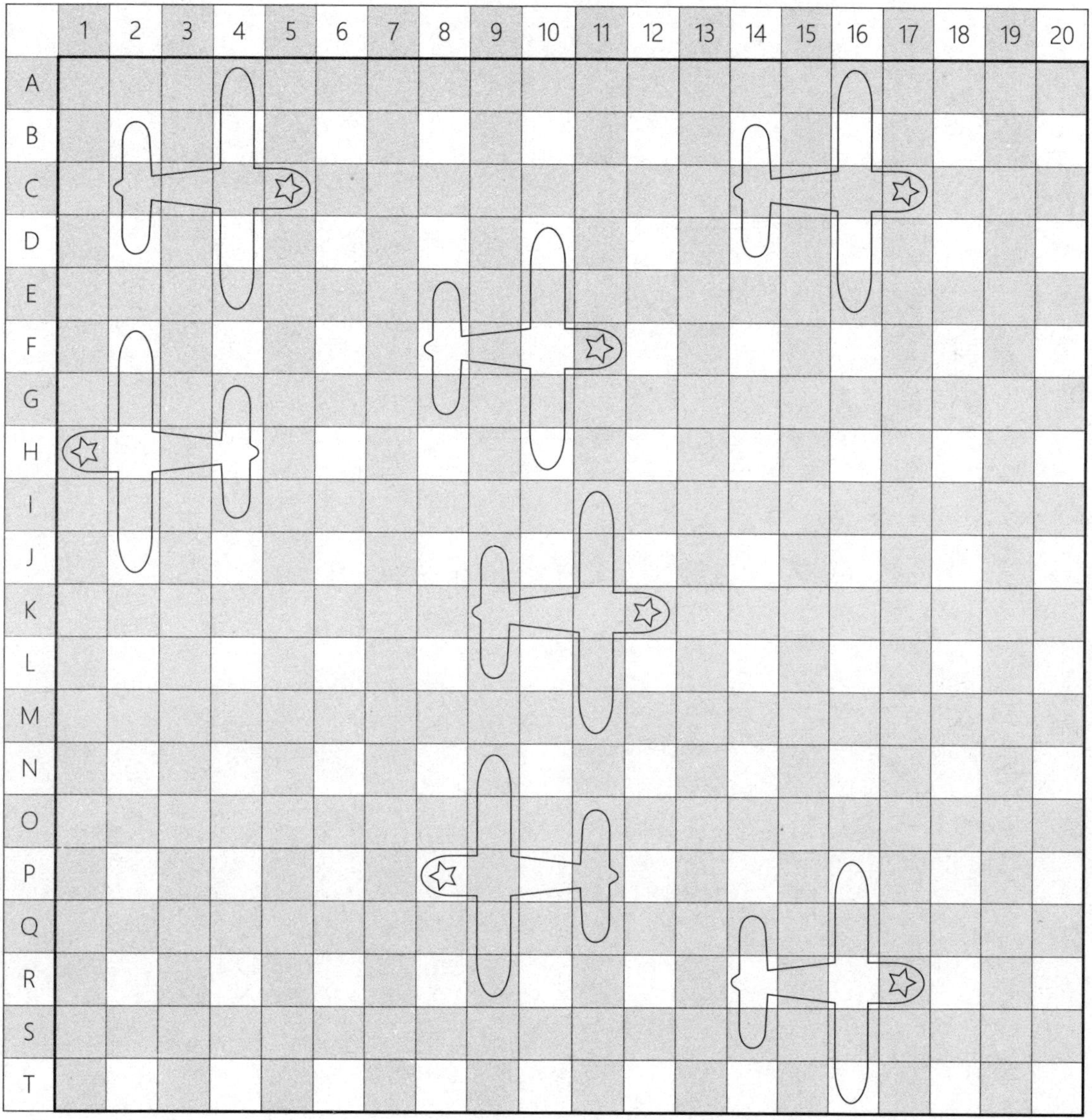
1 2 3 4 5 6 7 8 9 10 11 12 13 14 15 16 17 18 19 20
A B C D E F G H I J K L M N O P Q R S T

对手：________　　战果：胜□　负□　　用时：________

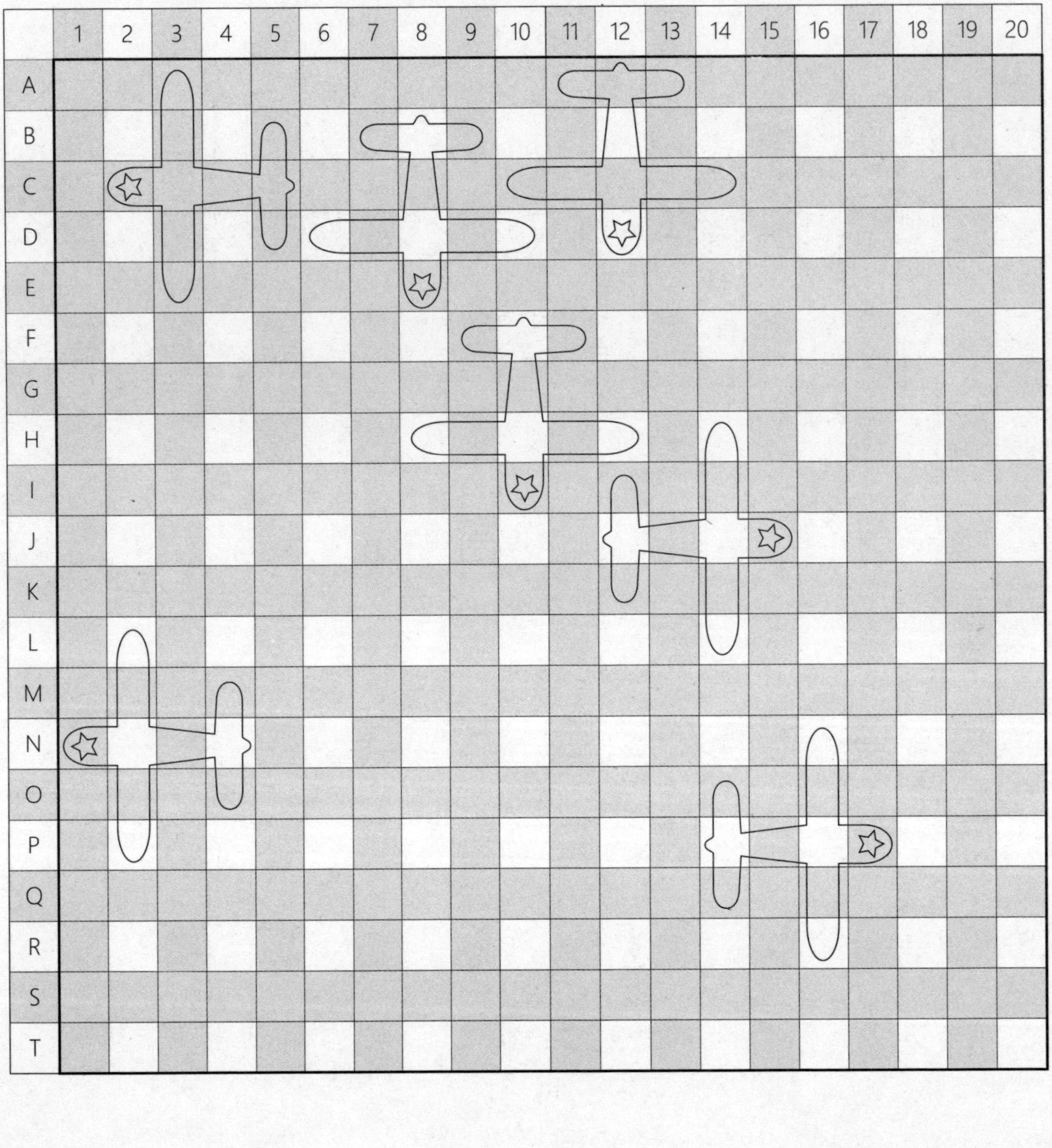
1 2 3 4 5 6 7 8 9 10 11 12 13 14 15 16 17 18 19 20
A B C D E F G H I J K L M N O P Q R S T

对手：________ 战果：胜□ 负□ 用时：________

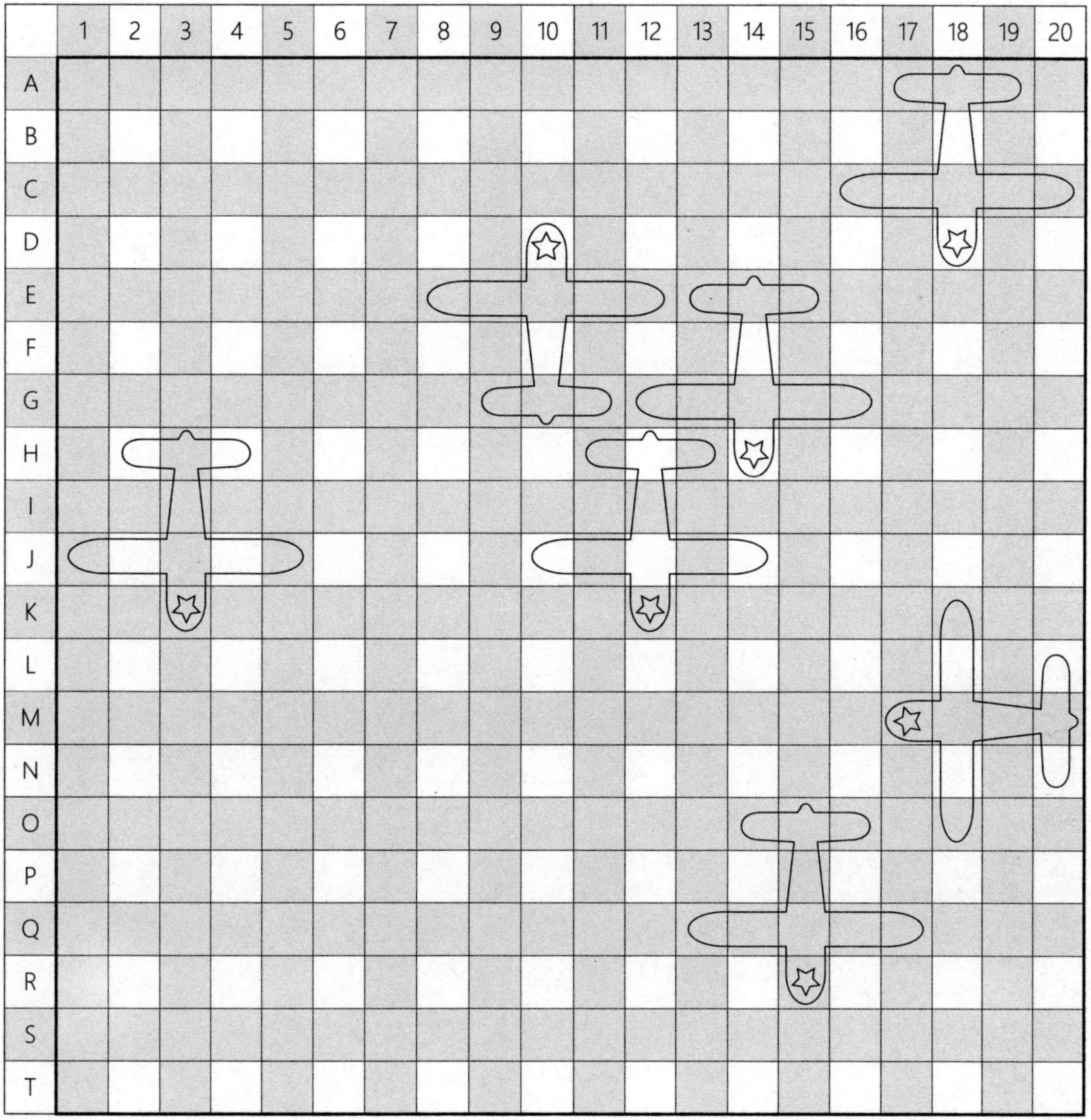
1 2 3 4 5 6 7 8 9 10 11 12 13 14 15 16 17 18 19 20
A B C D E F G H I J K L M N O P Q R S T

对手：________ **战果：**胜□ 负□ **用时：**________

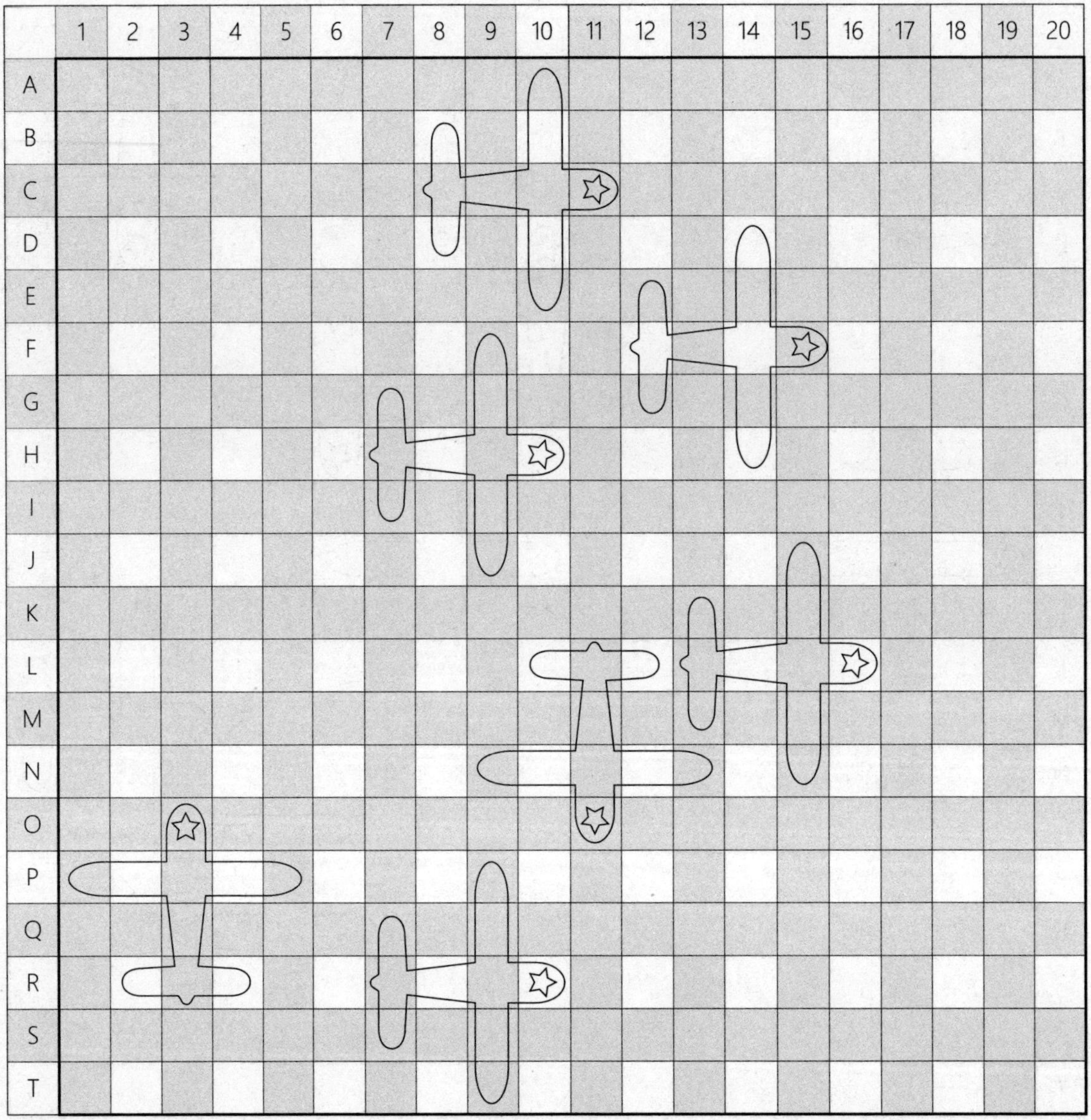
1 2 3 4 5 6 7 8 9 10 11 12 13 14 15 16 17 18 19 20
A
B
C
D
E
F
G
H
I
J
K
L
M
N
O
P
Q
R
S
T

自定义战区

难度：完全由玩家自己掌控

本区未放置任何战机，玩家可按照自己的想法各自在表格区域绘制一定数量的战机，然后进行对战。

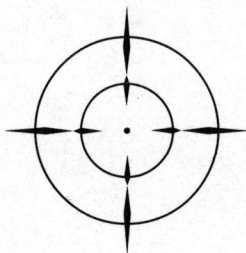

对手：________　　**战果：**胜□　负□　　**用时：**________

	1	2	3	4	5	6	7	8	9	10
A										
B										
C										
D										
E										
F										
G										
H										
I										
J										

对手：________　　**战果：**胜□　负□　　**用时：**________

	1	2	3	4	5	6	7	8	9	10
A										
B										
C										
D										
E										
F										
G										
H										
I										
J										

对手：_________ **战果：**胜□ 负□ **用时：**_________

	1	2	3	4	5	6	7	8	9	10
A										
B										
C										
D										
E										
F										
G										
H										
I										
J										

对手： ________　　**战果：** 胜□ 负□　　**用时：** ________

	1	2	3	4	5	6	7	8	9	10
A										
B										
C										
D										
E										
F										
G										
H										
I										
J										

对手：________ **战果：**胜□ 负□ **用时：**________

	1	2	3	4	5	6	7	8	9	10
A										
B										
C										
D										
E										
F										
G										
H										
I										
J										

对手：________ **战果：**胜□ 负□ **用时：**________

	1	2	3	4	5	6	7	8	9	10
A										
B										
C										
D										
E										
F										
G										
H										
I										
J										

对手：________ **战果：**胜□ 负□ **用时：**________

	1	2	3	4	5	6	7	8	9	10	11	12	13	14	15
A															
B															
C															
D															
E															
F															
G															
H															
I															
J															
K															
L															
M															
N															
O															

对手： ________　　**战果：** 胜□　负□　　**用时：** ________

	1	2	3	4	5	6	7	8	9	10	11	12	13	14	15
A															
B															
C															
D															
E															
F															
G															
H															
I															
J															
K															
L															
M															
N															
O															

对手：＿＿＿＿＿　　**战果：**胜□　负□　　**用时：**＿＿＿＿＿

	1	2	3	4	5	6	7	8	9	10	11	12	13	14	15
A															
B															
C															
D															
E															
F															
G															
H															
I															
J															
K															
L															
M															
N															
O															

对手： ________ **战果：** 胜□ 负□ **用时：** ________

	1	2	3	4	5	6	7	8	9	10	11	12	13	14	15
A															
B															
C															
D															
E															
F															
G															
H															
I															
J															
K															
L															
M															
N															
O															

对手： ________ **战果：** 胜□ 负□ **用时：** ________

	1	2	3	4	5	6	7	8	9	10	11	12	13	14	15
A															
B															
C															
D															
E															
F															
G															
H															
I															
J															
K															
L															
M															
N															
O															

对手： ________　　**战果：** 胜□ 负□　　**用时：** ________

	1	2	3	4	5	6	7	8	9	10	11	12	13	14	15
A															
B															
C															
D															
E															
F															
G															
H															
I															
J															
K															
L															
M															
N															
O															

对手：__________ **战果：**胜□ 负□ **用时：**__________

	1	2	3	4	5	6	7	8	9	10	11	12	13	14	15	16	17	18	19	20
A																				
B																				
C																				
D																				
E																				
F																				
G																				
H																				
I																				
J																				
K																				
L																				
M																				
N																				
O																				
P																				
Q																				
R																				
S																				
T																				

对手：__________ **战果：**胜□ 负□ **用时：**__________

	1	2	3	4	5	6	7	8	9	10	11	12	13	14	15	16	17	18	19	20
A																				
B																				
C																				
D																				
E																				
F																				
G																				
H																				
I																				
J																				
K																				
L																				
M																				
N																				
O																				
P																				
Q																				
R																				
S																				
T																				

对手：________　　**战果：**胜□　负□　　**用时：**________

	1	2	3	4	5	6	7	8	9	10	11	12	13	14	15	16	17	18	19	20
A																				
B																				
C																				
D																				
E																				
F																				
G																				
H																				
I																				
J																				
K																				
L																				
M																				
N																				
O																				
P																				
Q																				
R																				
S																				
T																				

对手： ________　　**战果：** 胜□　负□　　**用时：** ________

	1	2	3	4	5	6	7	8	9	10	11	12	13	14	15	16	17	18	19	20
A																				
B																				
C																				
D																				
E																				
F																				
G																				
H																				
I																				
J																				
K																				
L																				
M																				
N																				
O																				
P																				
Q																				
R																				
S																				
T																				

对手：________ **战果：**胜□ 负□ **用时：**________

	1	2	3	4	5	6	7	8	9	10	11	12	13	14	15	16	17	18	19	20
A																				
B																				
C																				
D																				
E																				
F																				
G																				
H																				
I																				
J																				
K																				
L																				
M																				
N																				
O																				
P																				
Q																				
R																				
S																				
T																				

对手：________　　战果：胜□　负□　　用时：________

	1	2	3	4	5	6	7	8	9	10	11	12	13	14	15	16	17	18	19	20
A																				
B																				
C																				
D																				
E																				
F																				
G																				
H																				
I																				
J																				
K																				
L																				
M																				
N																				
O																				
P																				
Q																				
R																				
S																				
T																				

对手： ________ **战果：** 胜□ 负□ **用时：** ________

	1	2	3	4	5	6	7	8	9	10	11	12	13	14	15	16	17	18	19	20
A																				
B																				
C																				
D																				
E																				
F																				
G																				
H																				
I																				
J																				
K																				
L																				
M																				
N																				
O																				
P																				
Q																				
R																				
S																				
T																				

对手：__________　　**战果：**胜□　负□　　**用时：**__________

	1	2	3	4	5	6	7	8	9	10	11	12	13	14	15	16	17	18	19	20
A																				
B																				
C																				
D																				
E																				
F																				
G																				
H																				
I																				
J																				
K																				
L																				
M																				
N																				
O																				
P																				
Q																				
R																				
S																				
T																				